JN241230

文章に生きる

チェーホフと、エスノグラフィーを書く

キリン・ナラヤン――著
波佐間逸博――訳
梅屋　潔――解説

新曜社

ALIVE IN THE WRITING
Crafting Ethnography in the Company of Chekhov
by Kirin Narayan

ふたりの祖母へ。追悼の意を込めて——

私に読み書きを教え、文章を書く喜びを教えてくれた
アリス・マリー・フィッシュ・キンジンガーへ

そして

文字を読むことも書くこともなかったけれど
目もあやな物語の世界を、自信にあふれ、ひらひらと飛んでまわった
カムラバイ・ラムジへ

チェーホフについてトルストイは言った。

「チェーホフは奇妙な作家だ。ぽんと無造作に放り投げられているのに、すべての言葉が生き生きとしている。しかもやたら頭の回転が速い。よけいなディテールがひとつもない。一語一語が必要不可欠で、美しい」

A・B・ゴールデンヴェイザー『トルストイとの対話』

目次

装幀＝新曜社デザイン室

本書にようこそ

文章に生きる

言葉がエネルギーを帯びてくると、〈今ここ〉から遠く離れた環境や人や声が生命として躍動し始めます。その文章を書いている当人もなんだか生き生きとしてきます。自分の奥から泉が湧きだし、その水脈が他の生命へ流れ込んでいくような感じがしてきます。もちろん、こういうことは理想的な状態です。いくら悩んでもちっとも言葉が出てこない、ということだって間々あります。つらくて、途方に暮れてしまうし、そこから抜け出せないでいると、気持ちが落ち込んできて、ふさぎこんじゃいます。そのことに耐えられなくなったとき、ものを書く人はインスピレーションとか自分の進むべき行き先とか愛情深い仲間だとかを求めて、ライティング・グループやワークショップや講座なんかに足を運んだりするんです。あるいは（本書みたいな）書くことについての本を探し求めたりします。

この本の種子を、私はエスノグラフィック・ライティングとクリエイティブ・ノンフィクションが出会う交差点で見つけました。文化人類学者として、そして民族学者としてこれまで私は何年もエスノグラフィーを読み、書き、教えてきました。エスノグラフィーというのは、世界の片隅で営まれている人びとの暮らしをつぶさに記録し、洞察を深めていこうと試みている記述のことです。書くこと自体に興味があったので、エスノグラフィック・ライティングの授業やワークショップも始めました。

エスノグラフィーはふつう、はっきりと焦点がしぼられた研究プロジェクトの成果として書かれることが多いです。でも、私たちは誰しも、日常生活の中で起きる出来事に身を置きながら、ことあるごとに、個人個人の人生模様を社会的な物事と複雑にからみ合う現実として——意識的に、また無意識に——解釈しています。

エスノグラフィーを書き始めるよりもずっと前から私は物語を書いていました。その後小説だとか家族の回想録（メモワール）なんかも書くようになっていきました。こういういろんな文章形式のあいだをうろうろしながら、現実生活の生の経験もその素材を適切に使用すれば心を引き込む物語に整えることができるわけだし、ことさらエスノグラフィーというラベルに固執することもないんじゃないかなと考えるようになりました。たとえそれがエスノグラフィーと同じくらい深遠な意味を持つ作品であっても。私はクリエイティブ・ノンフィクション（実在の人物、場所、出来事にもとづいて書かれた、想像力に富んだ魅力的な物語）について学び始めました。クリエイティブ・ノンフィクションは個人的なエッセイ、メモワール、伝記、ネイチャー・ライティング、旅行記、文学的ジャーナリズム、文化批評などのジャンルと重なり合うものですが、本書ではエスノグラフィーとの接点を探ります。

研究方法としてのエスノグラフィー、あるいは解釈・理論化されるべきジャンルとしてのエスノグラフィーについては有用な本がたくさん出ています。でも、書き物としてのエスノグラフィーを作るための技を授けてくれるような本にはいささかお目にかかりにくい状況です。本書は実践的な案内書です。エスノグラフィーを書いている人やエスノグラフィーに類する記述を盛り込んだ散文の書き手に対して、心をくすぐるような実例とかアイデア（処方箋とまではいかないにしても）を提供する、そんな本です。「この本はね、How-to（方法的な）マニュアルではなくてHow-about（やってみよう的な）マニュアルなんだよ」と私の夫のケンはおどけた感じで友人たちに説明しています。

　この本で紹介することのいくつかは親友のジョアン・マルケイから学んだ知識です。彼女はエスノグラフィー、民俗学、クリエイティブ・ノンフィクションの交点で、インスピレーションあふれる作家として、そしてライティングの教師として活躍しています。初めてエスノグラフィック・ライティングの授業を担当したとき、私は簡単な課題を出していました。でも、ジョアンの招待で三日間のワークショップをおこなったあと、私は「自由記述（フリーライティング）」という言葉を使い始めるようになりました。ライティングの理論家であり、教師でもあるピーター・エルボーが普及させたストラテジーです。つまり、いっさいの価値判断を停止して仕上がりの出来ばえなんかも気にせず、ただ前向きに書き進めるという手法です。また、どこからどんなふうに書き始めたらよいかと迷っている書き手を、プロンプトや具体例や書き出しのフレーズなんかを使って助け出し、書き進ませることもできるんだということも学びました。授業やワークショップで、あるいは友人と一緒に書くということが秘めている不思議な力をそこで実感しました。また、何をどう改善すればいいかを具体的に求めることで、より効果的なフィードバックを貰うことができることを知りました。

　文章を書くという行為は常に新しい発見をもたらしてくれます。この本を書いているとき私は自分が、ロシアの短編小説家であり劇作家でもあるアントン・チェーホフにまるで弟子入りしたみたいに彼から教えを受けていることにふと気がつき、本当に驚かされました。チェーホフが私の原稿の中に姿をあらわすようになったのは、初稿の五〇ページほどを書き上げた頃でした。一八九五年に出版された彼の著書『サハリン島』が持つエスノグラフィー的な側面を探ってみてもいいかもしれない、と友人から勧められたのです。ロシア東岸、日本の北隣に位置するサハリンの、帝政ロシア時代の流刑地における苦しみと不条理を描いているノンフィクション作品です。好奇心がくすぐられました。専門家向けであれ一般読者向けであれ、エスノグラフィーを書くという現代的なプロジェクトに、この作品はどのように光を投げかけてくれるんだろう？　チェーホフは熟練の医師でした。経験主義にもとづく精度と芸術家としての創造的才覚を、彼はどんなふうに融合させているんだろう、そんな点にも私は関心を持ちました。この豊かな黒髪を持つ青年について、さらに深く知りたくなりました。結核の兆候もあらわれ始めていたというのに、彼はなぜ家族や友人やファンをあとに残して、シベリア・サハリン横断という危険な旅に出かけたのだろう？　チェーホフのあとを追うように、私はとくにこれといったあてもなく未知の世界を冒険してみることにしました。その道行きを紹介していこうと思います。

　チェーホフは『サハリン島』以外にも、およそ六〇〇〇ものさまざまな長さの物語、現存するだけで五〇〇〇通を超える手紙、四つの代表的な戯曲といくつかの小品、そしてノートに書きためられたメモなど、膨大な量の文章を残しています。さらに彼に触発されて多くの回想録や伝記や批評研究が生まれています。この複雑きわまりない資料的迷宮に足を踏み入れた私は、一九〇四年七月のあたたかい夜に亡くなった彼を自分のすぐ隣にいるかのように感じました。チェーホフの作品や彼に関する文章を読むたび、生きている人と対話をしているような錯覚に陥りました。古を偲ばせる偉大さによって神聖視されている名高い人物というばかりでなく、いたずら好きで沈みがちなところもあってスマートな人。手を伸ばせば届きそうなくらいすぐそこに、そんな彼を感じることができます。彼のことを身近に感じるたび、そのフレーズや洞察がページから鮮やかに響いてきて、彼に対する畏敬の念が私の中でさらに深まります。その感情が崇拝に傾くことさえあります。でも彼だって結局のところ人間なのであって不完全だし、わりきれない気持ちを抱えていて、現代的であるように見えてその当時の時代的な制約に部分的にはとらわれていたということも私は痛感しました。一九世紀末から二〇世紀初頭にかけてのチェーホフの軌跡をたどりながら、私は彼がどのように円熟し、人として親切心を深め、作家として成長を遂げていったかをしみじみと理解しました。人は自身が書いた文章を通して生き続け、そして、自分の人生について綿密に描かれた文章の中で生き続ける、そんな不思議な真実にしびれました。

書くことを通して、生きるという営みに対する共感が自然に育っていくし、人の認識は正確な言葉の選択によって鍛えられていきます。自分のイメージや洞察を遠くの読者まで届けることができるかもしれません。この本には、ライティング・エクササイズが含まれています。これらは、自己の内面を深く掘り下げていく思考と、自分の考えや感情を他者に伝える技術を同時に鍛えます。私たちはみんな物事を生き生きと正確に描写する腕前を磨くことができます。明瞭にアイデアを展開し、一語一語を大切に扱う技能を、私たちはこつこつと地道に高めていくことができます。丹念につづられた文章は、読者の知性、感情、美的感覚に呼びかけることができます。性急な文章よりも、慎重に練られた文章の印象はずっと長く残ります。本であれ、エッセイであれ、論文であれ、助成金の申請書であれ、書評であれ、応募書類であれ、ブログであれ、論説であれ、しっかりと選び抜かれた言葉には他人の心を変える力があり、場合によっては自分の人生を変える力もあります。力強い文章はその最良の力を発揮するとき、苦しみや不正義に注意を向けさせ、共感と怒りを湧き立たせ、豊かな想像力にもとづく代替案を立ち上げ、行動のエネルギーを活性化することができます。

本書をひと息に読む必要はありません。頭から順番に読んでいかなくてもいいです。気が向いたときページを開いてみて、興味のあるテーマを拾い読みするのもよいでしょう。他の人が書いた文章の抜粋を眺めたり、チェーホフについて書いている部分だけを追いかけたり、適当なプロンプトをピックアップして実際に文章を書いてみるのもいいですね。書き始める方法や、弱気の虫に邪魔されず書き続けるヒントや、原稿を書き直して完成稿を仕上げるコツなんかをコンパクトにまとめた「あとがき」から読み始めるのもひとつの手だと思います。気のおけない友だちを誘って一緒にこの本を読みながら文章を書き進めていくというのもすごくいい。もしかすると、どこかの授業でこの本を使うこともあるかもしれません。その場合は、授業の進行に合わせて読み進めることになるでしょう。

いろんなところに出てくる太字で書かれたプロンプトは、自由記述(フリーライティング)——思いつくままに文章を書くという手法です。その文章は種子のような役目を果たし、やがていろんな方向に成長していきます。編集することもできるし、洗練させることもできます——を始めるためのものです。各章の終わりにあるエクササイズは、他の人が読むということを念頭に置いた、より洗練された文章を書くことを求める課題となっています。章末のエクササイズでは(英文の場合)ダブルスペースで二ページの文章を書くようになっています。それ以上は一行たりとも書かないでください。理由はふたつです。第一に、簡潔に書く技を身につけるためです。それはなにかと忙しい読者への贈り物です。とくにグループで仕事をしている場合は、短い文章のほうが的確なコメントを受け取りやすいです。第二に、簡潔であることを自分に課すためです。私の見解ではそうすることで言葉に対する敬意が育ちます。一語一語の重みに対するセンスが鍛えられます（あとから、他の人のコメントを取り入れ最適と感じられる長さに膨らませることは可能です）。

本書は本質的に不完全なものです。いろいろな背景を持つ読者が入りやすいように、ドアは開け放たれています。なるたけコンパクトな本にしたいという思いもありました。人類学の歴史や、「表現」をめぐる学問的論争については、意図的に論述を抑えています。また、私の愛してやまないエスノグラファーたちやその他の作家たちが著している数多くの素晴らしい作品も割愛しました。抜粋文はエッセイや論文ではなく本だけから取ってくるようにしました。そして原則として、ひとりの著者につき一冊だけ取り上げることにしました。本書の風通しの良さが読者に新たなアイデアを思いつかせ、自らトピックを追加し、新しいプロンプトを考え出す刺激となることを願っています。

一八八六年チェーホフは兄アレクサンドルに送った手紙の中で、書くという行為について述べています。「僕はあくまで個人的な好みや感じ方を持つひとりの読者としてこの手紙を書いています。さらに、兄さんが創作活動中に孤独を感じないようにという願いを込めて書いています。なにしろ、創作の孤独はほんとにきついものだから」。本書もまた私自身の嗜好と、執筆の孤独の中で他者を希求する気持ち（これがよくあるんです）から生まれました。私は文章作成の方法を提案しますが、最終的な創作の行き先はあなたの手に委ねられています。

あなたがこれから始める執筆の旅がどのようなものであれ、チェーホフや文才あるエスノグラファーたちやエスノグラフィーの要素を取り入れているノンフィクション作家たちがあなたの良き仲間となり、素敵なインスピレーションをもたらしてくれることを私は願っています。

1 ストーリーとセオリー

アントン・チェーホフの『わが人生――田舎暮らしの男の話』では、語り手のミサイル・ポロズネフがほんの一瞬だけですけどエスノグラファーになります。二〇代半ばの理想主義者ミサイルはロシアの田舎町の、裕福で自意識の高い立派な家庭に育ちました。一度ならず会社勤めをやめてしまい、気むずかしい父親の激怒を買ってしまったミサイル。彼は家を飛び出し、自分の体ひとつで暮らしていこうと決心します。やがてミサイルはペンキ塗り職人たちと共同生活を始めます。町の商人や店主たちは彼を階級の裏切り者としてこけにします。彼がみすぼらしい作業着で町を歩いていると、からかい、こきおろし、物を投げつけます。かつて社会的に対等な立場にあった大半の人びとが彼に寄りつかなくなります。ところが地元の鉄道王の娘で魅力的なブロンドの女性、マリヤ・ビクトロヴナは彼に興味を抱きます。彼女はミサイルを自分の屋敷に招待し、金に不自由せず、脛ばっかりかじっている生活なんて退屈でたまらないわと言い放ちます。そしてミサイルにペンキ塗り職人についてもっと詳しく教えてと迫ります。「どんな人たちなの？ 面白い？」ミサイルは彼女に説明します。「僕はペンキ塗り職人について彼女に話し始めた。だけど我ながらやたらたどたどしい。恥ずかしさが込み上げてきて、なんだかエスノグラファーみたいに重々しくて、ぶっきらぼうな口調になってしまった」

　ミサイルが参加したパーティーには若くて知的な医者も参加していました。その医者は労働者の話をとてもドラマチックに語ります。よろめき、泣き、ひざまずき、床に寝そべったりする労働者たちを演じます。マリヤは涙を流して笑い転げ、彼が歌をうたうと、マリヤも歌手になりきってうたいます。そして彼女は来客たちを自分のノートにスケッチします。ディナーの席でマリヤは医者と一緒に高邁な理想――「友情、理性、進歩、自由」――を唱え、乾杯し、ねじが飛んだみたいに大笑いします。ミサイルはその一部始終をじっと見つめていました。

　そのとき、チェーホフの文章に秘められている思いがけないエネルギーはすでに私を、二、三か月間にわたって釘づけにしていました。エスノグラファーがこんなふうに描写されていて、私はつい声をあげて笑いました。「やれやれ、これって私の専門分野のことじゃない」という感じで。そしてエスノグラファーの語り口と、快活な医者がコミカルに再現してみせたドラマのコントラスト。ペンキ塗り職人たちが面白いかどうかという質問そのものが、ちょっとしたパロディになっています。田舎町で退屈しきっていて気晴らしを求めている若い女性がペンキ塗りに対してミサイルほどの興味を抱いていないことは明らかです。真面目なミサイルが自分の説明には人を引き寄せる力がないなと感じてしまうのも、したがって当然といえば当然なんです。

　ethnography（エスノグラフィー）という単語は anthropology（人類学）と同じように、一九世紀における社会科学の発展とともに生まれました。エスノというのは（ギリシャ語の）ethnos（民族）からきています。つまり生活様式を共有しているひとまとまりの人びとのこと。グラフィーというのは刻みつけること、つまり「書くこと」に由来します。エスノグラフィーは、しばしば「文化を書く営み」とひと口にまとめられるように、文化的に異なる他者の生活様式を詳細に伝えることに目的を置いています。しかし、旅行者、宣教師、植民地支配者たちにしても、同じように異文化について文章を書きます。だから、そもそものはじまりからエスノグラフィーは相反する内部的な欲求によって引き裂かれていたんです。きっちりした方法で実証的な観察データを収集し、それを理論的に検討するのか、それとも、色彩豊かな物語を用いて読者の想像力に訴えるのかというように。エスノグラフィーが、特定環境の生活を描写するのに対し、エスノグラフィーと密接な関連を持っている民族学では、個々の生活の詳細を比較の枠組みの中に位置づけ、個別の文脈を超える概念を理論化します（さっきの引用文の以前のバージョンの英訳では、「ミサイルは『なんだか民族学者みたいに重々しくて、ぶっきらぼう』な口調で話した」と書かれています）。

アントン・チェーホフがエスノグラフィーを知るに至った背景には、彼のノンフィクション作品である『サハリン島』の事前リサーチがあるのではないかと私はにらんでいます。一八九〇年にサハリンに出発する前、「僕は科学的目的と文学的目的を念頭に置いています」と彼は述べ、エスノグラフィーの二面性に触れています。『サハリン島』に関するエスノグラフィックな側面については、2章「場所」で詳しくお話しすることにし、ここではひとまず、「ある生活形態について真剣に、そして退屈きわまりない口ぶりで語ったとたん、彼はエスノグラファーそっくりになった」というミサイル・ポロズネフの認識について少し立ち入って考えてみます。確かにエスノグラフィーは、無味乾燥で理解しづらくて複雑な書き方をされることがあります。でも、一九世紀以降、魅力的な生き生きとした文体を用いる民族誌学者もちゃんと存在していました。さまざまな制度的な機構が、エスノグラフィーの主要な目標や境界を形成してきたのは確かですが、いろんな世代のエスノグラファーたちが多様な、素敵な文体や語り口を生み出してきましたし、今も文章作法を追求しつづけています。

文学的な美質を備えたエスノグラフィーは、人類学の歴史において、一律に賞賛を受けてきたわけではありませんが（ほめられたり、ほめられなかったりです）、ときとして広く一般の読者に刺さります。それらは、人類学の入門コースで定期的にひもとかれ、学部生の関心を刺激し続けています。以下のページでは、このような文学的で人文主義的で、そしておおむねフェミニスト的でもある作品を取り上げ、そこに見られるエスノグラフィーの技を具体的に解きほぐしていこうと思います。それからまた、厳密な意味においてエスノグラフィーとは言えない本なのだけど、あるいは、人類学との明確な関連がまるで見出せない本なのだけど、人びとを特定の共有された状況の中で生き生きと描き出しえているその技法において、深いところでエスノグラフィー的だなあ、と感じられる本にも目を向けてみます。そして、「エスノグラフィー」をめぐるこちこちの排他性にはここではちょっと遠慮いただいて、文章を書く人が、多様な文章表現に見られるエスノグラフィー的要素から、いったいどんなことを学びとることができるだろうかという問題も考えていきます。

主な題材はノンフィクションから取りますが、チェーホフの作品を取り上げながらフィクションにも触れます。たとえば『わが人生』はどこからどう見ても型通りのエスノグラフィーとは言えませんが、一九世紀末のロシアに関するエスノグラフィックな洞察がそこには満ちています。かわいい女性に向かって自分の仕事を面白おかしく語れなかったことをミサイルは悔やんでいますが、ミサイルについてのチェーホフの語りは、亜麻仁油、ペンキ、テレビン油が当時どんなふうに使われていたかを明らかにしています。さらに、線路、都会のクラブ、そして独特な雰囲気をかもしだしている霊園でペンキ塗りの仕事を共同作業でこなしていく男たちの相互行為や、彼らと顧客との関係における屈辱的な慣習や、双方の不誠実さといったことをうかがい知ることもできます。ミサイルは物語を通じて、自分が社会的な立場を変えたことでくっきりと見えるようになった新しく複雑な社会的世界を提示しています。読者は彼の苦労や努力をたどりながら、農民や労働者の生活に対する貴族の夢想、階級構造、社会的不平等、ジェンダー関係、知的流行、小さな町の賑わいなどを感じ取ることができます。メモに書き留めるまではしていなくても、ミサイルは常に他の人びとの言動に注意を払ってそれを心のメモリーにとどめ、それらが何を意味しているのかを考察しています。彼は町の労働者の暮らし、そして田舎の農民たちの生活の質感やリズムを直接的に経験します。同時に、自分はすでに知っていると思っていた上流階級の人びとのことを問い直さないではいられなくなっていきます。そこには二重の運動があります。エキゾチックなものやなじみのない対象をすとんと納得しようと努める知の運動と、なじみのある物事をあらためて考え直してみようという動きのふたつです。それはエスノグラフィーという実践にとって最も重要な鍵です。

この章では文章作成のエクササイズを少しだけご紹介します。これからたくさんのエクササイズが出てきますが、ひとつずつこなしていくと、小さな書き込みやアイデアが少しずつ蓄積され、それらを組み合わせると、ひとつの大きな作品を作ることができます。また、エスノグラフィーとクリエイティブ・ノンフィクションを融合させた文章作成の基本的なツールも紹介します。私の母は鉛筆を握ってこのページの草稿を読みながら、ふと目をあげて言いました。「文章を書くこと自体は、たいした問題じゃないのよ。多くの人は書くことに苦労なんかしない。私がほんとに知りたいのはね、ばらばらな小さな文章をどうやってひとつにまとめるかということよ。その点についてあなたの考えは?」

在庫確認

もしかしたらあなたは体系的なデータ収集法を使い、限定的な問いをたて、それを前提にして専門的な議論に参加するような、かなり枠組みがかっちりした研究プロジェクトに関わっておられるのかもしれません。成果の公表を予定している正式な民族誌的研究プロジェクトを進めるには、大学や助成団体の要求する「人を対象にした研究の倫理規定」を守り、関連文献に精通しておく必要があります。そうではなくて、特別な学問分野に身を寄せているというわけではない一般の読者を対象に、アカデミックな形式にはとらわれず、自分の記憶や観察の導くままに、クリエイティブ・ノンフィクションを書こうと思案しておられるのかもしれません。あなたの手持ちの素材をどのようなかたちに仕上げていくにしても、あなたが想定している読者や聞き手のことを常に念頭に置くことが大事です。ひょっとすると自分が書いた文章の意図を説明する機会が訪れるかもしれませんしね。

本書を手元に置いて文章を書き始める前に、まずあなたがメインで使おうと考えておられる素材の在庫を確認することをお薦めします。日記、手紙、電子メール、ブログ、完成している作品、助成金申請用の下書き、フィールドノートに書き込んだ文章など、これまで書きためたメモや文章を目に見えるところに並べてください。それから、写真やビデオ、録音データ、音楽など、文字資料ではない資料も一カ所に集めます。これらの未加工ないしは部分的に加工された資料を仕分け、いろいろな角度から眺める作業そのものが、これらの資料とあなたのあいだを新しい関係でつなぎあわせてくれます。資料を整理し、必要なときに何がどこにあるのかがすぐにわかるようにしておくこと。友人の言葉を引かせていただくと、「パイル（山積み）からファイル（資料）へ」です。そして細心の注意を払って整理し終えたら、内容に目を通し、手元にある資料の全体をざっと頭に入れましょう。

あなたはこの本を読み進めながらプロンプトを使って自由記述（フリーライティング）をすることになります。そして章末エクササイズで、さらによく練り上げられた二ページの作品を書き上げます。手を動かしながら、自分の作品をどんなふうに膨らませたいか、どんなかたちにしたいのか、そのことを自分に常に問いかけてくださいね。アカデミックな世界で文章を書きあらわす場合、傾向として、かなりせせこましい体裁に縛られることが多いです。期末レポート、会議資料、学位論文、雑誌論文、学術書などのように。親しい人を読者として想定し、従来の枠組みをちょっとだけ変えたり、古い形式をくつがえしてみせるのは確かに刺激的ですけど、自分に何が求められているのかいつも注意を払うようにしましょう。必要に応じて先行研究を引用すれば、自分の革新的な部分を守ることだって可能なのです。ひょっとするとあなたの文章の形式は、あなたが描こうとしている人びとから受け取った素材の中から、つまり彼らの重要なメタファーや考え方の中から、自然に立ち上がってくるかもしれません。そうやって人びとと協働することだって可能です。そのときは、書き手の目的と執筆対象の人びとの目的を同時に成し遂げられる形式や構造をあなた自身の作品に取り入れることができるんです。あなたの作品が主に物語（ストーリー）によって形作られるか、それとも理論（セオリー）によって形作られるか、それはあなたがどんな目的を持っているかによって変わってきます。大きな文脈だとか観念に何ひとつ言及しなくたってちっともかまいません。引用を明記して文献的な裏づけをとりながら、明確に主張を述べ、議論を展開するのももちろん悪くありません。セオドア・リース・チェニーはその素晴らしい本の中で、フィクションの技術をノンフィクションに援用する手法について述べています。「クリエイティブ・ノンフィクション作家は辛抱づよく事実にこだわり、そこに読み物としての生き生きした感じや感情的な要素や楽しさを吹き込みます。そうやって読者に事実を伝えていくのです」と。エスノグラフィーだって、読み物としての生き生きした感じや感情的な要素や楽しさと無縁というわけではありません。でも従来のアカデミックな枠組みの中で書かれる場合、明晰な議論や知的説得力や理論的洞察がそこにはみなぎっているはずです。

ということで、自由記述（フリーライティング）のための最初のプロンプトを出しますね。プロンプトというのは「ちょっとしたお誘い」みたいな意味です。プロンプトが、あなたがスタートラインに立ち、あなたの作品が動き始める手助けとなりますように。文章として洗練されているかどうかなんてことは気にしない。考え込まずにひたすら前に向かって書き進めてください。見直し、手直しはあとでできます。文章の差し替えもそのときに。この章では、とにかく自由にフリーライティングに取り組んでほしいので、あえて時間制限の目安を設けています。次章以降では、自分のペースで気楽に進めてくださいね。プロンプトに戸惑うような部分があれば「今ひとつよくわからないところはあるんだけど」とか「『なんちゃらかんちゃら』については」みたいなスカスカな書き方をしたってかまいせん。肝心なのはぽちぽちと手を動かし続けること。あなたの言葉の流れがあなたをどこに連れて行ってくれるか、その行き先を見届けるのです。私自身ふだん経験していることですけど、ばらばらなアイデアや感情やイメージを文章にすることで、ふうん、なるほど、私はこんなことを考えていたんだ、と気づくことができます。

「私がいちばん書きたいのは……」につづく文章を五分以上書き続けてください。

書き終わりましたね。それではご自身の文章を読んでみましょう。たぶんそこにあるのは、脱力するくらいありきたりの文章だと思います。私もいろんな時期に、本書のことについて文章にしてみました。「エスノグラフィーの色合いを持つ文章を書くための本。息をのむような具体例と実用的なエクササイズによって命を吹き込まれている本」みたいに。「文章を書くための本で、アントン・チェーホフのことも読者に紹介したい」と書いたこともあります。またあるときは単に「たとえ不完全でも役には立つ本」と書いたことも。まるでぱっとしない文章だけど、でも時々、大まかな方向性を教えてくれるコンパスの役目を果たしてくれました。

では次にもっと具体的なところに進んでみましょう。

作品の中で使おうかなと考えている素材を思い浮かべ、その中からぱっと目に浮かぶ二、三のイメージをさっと書き留めてみましょう。少なくとも五分間は書き続けてください。

本書の構想にインスピレーションを吹きこんでくれたのはライティングの授業やワークショップですが、あらためて振り返ると、ある情景が浮かんできます。「互いのコメントに熱心に聞き入る参加者たちの真剣な表情。正方形に並べられたテーブルを包む完璧な傾聴の気配。部屋の片側から差し込む自然光。私は学生の声を聞き取り、メモをとり、場にふさわしい形で自分がそこに存在しているだろうかと不安まじりの緊張を抱いている。議論を先に進めるにはどうしたらいいか、そのシミュレーションを頭の中で走らせている……」。具体的にこまごまとした部分までイメージすることによって、自分自身を、これから書こうとしている作品の文脈にありありと立脚させることができます（あるいは、もしもあなたがすでに具体的な事実から書き始めているのでしたら、書きたいと思っている内容についての考えうる最も抽象的な記述に取りかかってみることをお薦めします）。

次に、読者があなたの書いた作品をどう感じるかを想像してください。J・D・サリンジャーの作中人物のシーモア・グラスが弟のバディに宛てた手紙のことを、私はよく思い出します。バディは作家になりたいと思っていました。君はこれまでずっと読書家だったよね、とシーモアはバディに書きます。肩の力を抜いて、くつろいで。そして、自分がいちばん読んでみたいのはどんな本なのかを自分に問いかけながら書くといいよ。彼はそうアドバイスを送りました。あなたもぜひ試してください。

完成した自分の作品を思い浮かべてみる。それから一歩下がって、読者としてその作品を読んだとき、どのように感じるか、どの部分が好きになるか、どの部分が面白いと思うかを考えてみるんです。

「私がいちばん読みたいものは……」に続く文章を書きましょう（二分以上）。

私はこの視点から見渡したとき、すぐに「短くて、ずばり要点をついていて、読むと元気が出る本」を読みたいと思っていることに気づきました。時と状況に応じてあなたの作品の構想は変化するかもしれません。各エクササイズの合間に、大きな意図について記した文章（つまり、このエクササイズで書いた文章のことです）を定期的に見直し、手を加えるようにすると、使い勝手のよいものになっていくと思います。

第一印象

自分が何かに関心を寄せるようになった経緯を振り返ることは、旅の出発点になりえます。本書を構想し始めたとき、私のエスノグラフィーへの関心に火をつけたものはなんだったか、あらためてそこに記憶をめぐらせてみました。恩師たちに対する敬意を込めつつ、エスノグラフィーに対する関心が私の中でどのように芽生えたか振り返ってみます。

私がきちんとエスノグラフィーを読むようになったのは大学一年生のときでした。それ以前にも一般向けの人類学的なペーパーバックに目を通すことはありましたが、体系的にエスノグラフィーを精読するようになったのは、アーヴィン・ゴールドマンのゼミに入ってからです。ゴールドマンさん(私たちは彼を「さん」づけで呼んでいました)は物静かな、しかし説得力のある語り口で、文化に関する細部の記述までじっくりと目を通すことを教えてくれました。彼は本に書かれている議論をそれほど強調しませんでした。むしろ観察された細部と、その意味にまつわる土着的解釈に注意を払うことを私たちに求めました。そしてその過程で、明言されているのとは異なる新奇なパターンや関係性がふっと浮かび上がってくることに私は気づきました。当時の私は人類学者になりたいとは思っていなかったのですが、自分の生い立ちに影響を及ぼしている多くの文化的要素を文化人類学は正面から取り上げていました。私はアメリカ人の母親とインド人の父親のあいだに生まれ、ボンベイで育ちました。ふと気がつくと、クリエイティブ・ライティングのワークショップで私は幼少期の記憶にわけ入っていました。そのときライティングの先生だったグレース・ペイリーの口語的で飾り気のないスタイルはすごく魅力的でした。

初めてエスノグラフィーと文章表現の関係について考えたのは、人類学を二回目に履修した大学四年生のときのことです。担当のブラッド・ショアは非常に刺激的でカリスマ的な人物でした。大学院進学という漠然とした夢が私の中で、人類学を軸に具体的な形をとり始めました。ブラッド・ショアはあるとき授業の課題として、影響力のある人類学者で文化評論家でもあるクリフォード・ギアツの『文化の解釈学』から二本のエッセイを選び、読んでくるようにと言いました。ギアツがエスノグラフィーを、単に異なる生活様式を記録する手段としてだけでなく、それを文章表現の一形式として位置づけ議論しているところに私は興味をひかれました。ギアツは序論においてエスノグラフィーを「厚い記述」のひとつであると述べ、その特徴を説明しています。彼が引用している哲学者ギルバート・ライルの言葉を借りれば、「厚い記述」とは、たとえば「誰かが片目をつぶった」と記述するのではなく、その行為がどのような意味を持つのか――ぴくっとまぶたが痙攣しただけなのか、それともウィンクなのか、ウィンクのパロディなのか、ウィンクの練習なのか、「わかってるよ」と知らせるサインのウィンクなのか――きちんと伝わるように書くことを意味します。つぶさに観察した詳細な事実に意味を重ね合わせていき、意味をくみ取るのがとても難しい場面や行動をより理解しやすいものとして提示してくれる記述のことです。

エスノグラフィーを物語の技法と関連づけて考えるようになったのは大学院生のときでした。心やさしい指導教員の民俗学者アラン・ダンデスの授業で私は、物語とは個人・文化に特有の価値を豊かに伝えるものであること、そして物語には社会における行動や考え方に変化をもたらす力があるということを学びました。ちょうどその頃客員教授のポーリン・コレンダから、エスノグラファーたちが南アジアをどのように理論化してきたかを学びました。二年目に入ると、毎週スタンフォードに足を運び、文化人類学者のレナート・ロサルドが教えている「物語と文化」というセミナーに参加しました。この授業は私に、物語を記録し解釈する楽しさに気づかせてくれました。私は、学者の書いた文章を含むあらゆる種類の物語と社会分析との接点を見極めようとしました。ロサルドの『文化と真実――社会分析の再構築』（一九八九年出版）では、そうした接点をめぐって深く精緻な議論がくり広げられていますが、ここではセミナーで学んだふたつの大切なポイントを記しておきたいと思います。《物語は分析的な要素を潜在させている》、《分析は深い思考の過程において物語のかたちを取る》。

✍具体的な人物やアイデアに触れながら、あなたの作品の構想につながる最初の足がかりを素描してみてください（五分）。

第一印象はその後の記述を方向づけることがありますが、第一印象が洗練され、修正されることもあります。ギアツのエッセイ「厚い記述――文化の解釈理論に向けて」を読み返しながら、こんな疑問が浮かんできました。もし私たちが当該文化を熟知し、すでに内部事情に通じている人たち向けに文章を書くとき、いちいちまわりくどい解釈なんかせず、彼らの見慣れた世界を新しく奇妙で驚くべきものとして表現するにはどうすればいいのだろう？　エスノグラフィーの読者層は、書かれている対象者本人やその近親者を含むまでに多様化してきています。そんな新しい読者層に私たちはどのように関わればいいのだろうかと私は考えます。ある読者には複雑でわかりにくいと感じることが、異なる立場の読者にとっては、こまごまとした解釈の言葉がないからこそかえって、大きな社会的な意味を鮮やかに照らし出す記述になっているかもしれません。わざわざ解釈らしい解釈を書き連ねなくても、勢いのある語り口が、書き手自身を含むさまざまな当事者の行動の結果や理解の変化を追いやすくしてくれて、結果的に記述が厚くなることもあります。

同じエッセイの中でギアツはエスノグラフィーについてこう述べています。エスノグラフィーは「『創造されたもの』『形作られたもの』――フィクションの本来の意味――という意味ではフィクションである。『虚偽である』とか『事実無根である』とか『単なる思考実験』という意味においてではなく」と。数年後、この洞察を彼はふたたび強調します。エスノグラフィーはフィクションではないが、フィクションのように技巧を凝らした表現である、と。「実在する場所で現実に生きている人びとについて想像力豊かに書かれた文章のことを『ファクション』という造語で呼ぶのは興味深いけれど、それが正確に意味するところは今ひとつはっきりしない。人類学が現代文化における知的原動力として存続していくためには、その点を究明していく必要があるだろう」。ギアツの言う「ファクション」とは、言うまでもありませんが、一種のクリエイティブ・ノンフィクションのことです。ここで、クリエイティブ・ノンフィクション作家が考える物語作り(ストーリーテリング)の基本要素に話を戻しましょう。

シーン、要約(サマリー)、出来事(イベント)

クリエイティブ・ノンフィクション作家たちは、具体的なディテールや描写や対話などの鮮明で動的なシーンと、より一般的な概要を提供するサマリーを区別しています。この対比を詩人で回想録作家のジュディス・バリントンは映画の専門用語を使って説明します。シーンとは「要するにクローズアップのことなのだ。カメラが台所の窓からズームインしてテーブルで会話するふたりの姿を捉え、ふたりの会話に観客が聞き入るそのリズムに合わせ、まず一方の話者の顔に、次にもうひとりの顔にフォーカスをしぼる」。これに対してサマリーは「ロングショットのことだ……カメラを遠くに引き、まず家全体、次に街路、その次に近所を捉え、最終的に空中からのショットで町全体とその周辺の山々までを映し出していく」。サマリーはあるシーンをより広い空間と時間の枠の中に位置づけ、物語の大きな流れを凝縮します。このふたつをうまく組み合わせることで、シーンによってサマリーには生命が吹き込まれ、サマリーによってひとつひとつのシーン同士はつながってするすると流れていきます。

私が学部時代に出会ったクリフォード・ギアツの二作目のエッセイ「ディープ・プレイ——バリの闘鶏に関する覚え書き」の書き出しは、サマリーとシーンのあいだを華麗に行き来していて、とても良いお手本です。このエッセイは著者がバリ島に到着したときのサマリーから始まります。

一九五八年四月初め、妻と私はマラリアにかかり、不安を抱えながら、人類学者として研究しようと考えていたバリの村に到着した。人口五〇〇人ほどの小さな村で、比較的へんぴな場所にあり、独自の世界を形作っていた。私たちは侵入者であり専門家だった。そして村人たちは、自分たちの生活の一部ではないにもかかわらず強引に近づいてくる外部者に対していつもバリ人がとるような態度で私たちに接した。まるで私たちがそこに存在していないかのように。彼らにとって、そしてある程度私たちにとっても、私たちは人間ではなくて、幽霊ないし透明人間だった。

彼は続く二ページを使って、村に落ち着いてなお存在を無視される様子を描いています。そして、到着してから一〇日後、彼らは村の広場で闘鶏がおこなわれることを知ります。バリ島では闘鶏は違法であるためいつも人目につかないひっそりとした場所でおこなわれる、とギアツは背景事実を書き加えています。そして、ここで彼は視点を切り替える。ほぼすべての文化人類学者の脳裏に刻まれているあのシーンに入っていきます。

第三試合のさなか、相変わらず透明な私と妻を含む数百人の観客がリングを囲んで、超有機体そのもののように一体に溶け合っていたまさにそのとき、エンジン音が轟轟と響き、機関銃で武装した警官たちを満載したトラックが乗り込んできた。「警察だ！　警察だ！」という悲鳴にも似た叫びが群衆の中からあがり、警察官が飛び出してきて、リングの中央に立ちはだかり、映画のギャングスタみたいに銃を構え、全方位に銃口を向けた（実際に撃つところまではいかなかったが）。超有機体は一瞬にしてバラバラに砕け、ひとつひとつの粒子たちは四方八方へ飛び散っていった。人びとは道路を駆けおり、壁の向こうに頭から飛び込み、台の下にもぐり、枝を編んで作った仕切りの裏に身を隠し、ヤシの木によじ登った。人の指を切り落とし、足にぱっくりと傷口をあけてしまえるくらい鋭い鋼鉄の蹴爪（けづめ）を取りつけられた雄鶏たちが狂ったように暴れまわっていた。世界は砂ぼこりとパニック一色だった。

この大荒れのシーンを細密に描写したあと、ギアツは自分と妻のヒルドレッドをそのどさくさの中に登場させます。ふたりは逃げまどう群衆の流れの中にまぎれ込む。そしてその流れのまま自分たちが住んでいる場所とは逆の方向へ駆けていきます。田んぼが広がり、身を隠すところがどこにもない場所まで来たとき、前を走っていた男が家の敷地に駆け込む。ふたりは彼のあとについていきます。男性の妻はてきぱきとテーブルを整え、お茶を出してくれる。押しかけてきた警察に彼女は「彼らはお茶を飲んでいただけですし、闘鶏と言われたって、なんのことだかさっぱり」と言い放ちます。ギアツたちもなに食わぬ顔で彼女の話に調子を合わせます。

このシーンのあと、彼の叙述は、翌日村人たちが人類学者たちに挨拶の言葉をかけ、何度も何度も同じ質問をしてくる場面に飛びながら、サマリーの色合いを強めていきます。カメラをぐっとひき、とびきりの広角レンズを用いて、サマリーを展開するわけです。「バリでは、からかわれることは受け入れられるってことなんだ……」。彼はこうしてラポールを築くまでの長い道のりを書きました。文化的実践としての闘鶏に関するサマリー的な説明に移行しても、あのドラマチックな出来事のイメージは消えることなく鮮明に脳裏に刻印されています。

ギアツが描写したシーンは、フィールドワークの転機を表現しています。そしてこの「転機」は、セオドア・リース・チェニーがクリエイティブ・ノンフィクション作家に向けてアドバイスしているように、シーンに劇的な効果を持たせるための主要な要素になっています。以下は彼の示唆に富むリストです。

転機	対決	言い争い
フラッシュバック	災害	苦難

成功　　失敗　　人生の逆転

始まり　誕生　　死

これらの要素を含むシーンを特定すること、それは物語を構築するためのブロック作りを意味します。

チェニーのカテゴリーのうちどれかひとつに関連するシーンを書きましょう。「私がとくに読者に示したい転機（または対決、言い争い、フラッシュバックなど）は……」というプロンプトを使って書き始めてください。（まずは一〇分間ラフに書きましょう。あとで書き足すこともできますからね）

さて、こうしてシーンの執筆に着手した今、作品を書き直しさらにそれを発展させていくふたつの異なる方法を提案します。まず、どのような語り口を自分が選び取ったのか、少し立ち止まって見つめてみましょう。つまり、あなたはどんな視点から、どんなトーンで記述していますか？　レーモン・クノーの『文体練習』は、同じひとつのシーンでも異なる視点からいろいろな描写が可能であるということを、遊び心たっぷりに示してくれています。クノーはフランス人の小説家であり、出版者、哲学者、数学者でもあります。彼の本の中で描かれているのは、奇妙な帽子をかぶっている、首がひょろ長い見ず知らずの男との二回の出会い（パリのバスの中と駅の近く）です。一、二ページにおさまる短いひとつのエピソードがいろんな文体で書き分けられているわけです。クノーの英訳者バーバラ・ライトによると、クノーはこんなふうに言っています。「私は実際に起きた出来事を書き始め、一二回異なる視点やトーンで描きました。それから一年後にまた一二回かたちを変えて書いてみました。そうこうするうちに九九回書き上げてしまったんです」。クノーはさまざまな散文のジャンルや、声や、視点や、修辞的な表現方法の持ち味を自在に操っていて、ほんとに楽しそうです。この習作のいくつかに目を通すだけで、そうか、自分の好きな文体で自由に書いていいんだな、と気づかされます。社会学者ハワード・ベッカーがその著書『社会を語る』で指摘しているように、専門家(たとえばエスノグラファー)やアーティスト、一般の人びとが社会生活を記述するとき、そこにはいろんな独自の文体が姿をあらわします。もしかすると、あなたには自分の意志や学問的な制約という縛りがあり、ある特定の形式に合わせて文章を書いておられるのかもしれません。でもほんの少しのあいだ、少なくともほんのちょっとだけ遊び心を解放し、自分が描いたシーンをまったく異なる他の文体で語り直す可能性とたわむれてみてください。

✍ 文字表現からいったん身を離し、あなたが選んだシーンを表現するために使える他の媒体について考えてみてください。それからふたたび文字の世界に舞い戻り、そのシーンをどんなふうに言語で伝えることができるか考えてみましょう。同じ場面を、別の語り手の見地から、あるいは別のジャンル、たとえば詩、歌、劇、個人的なエッセイ、短編小説として書き始めてみてください。(一〇分間。こ

の実験はあなたを、短時間ではあれ、思いがけない新たな旅に連れ出してくれるかもしれません。）

次にあなたが手がけたシーンを読み返してみてください。あなたの描写したディテールの中にあるものやディテールの背後にあるものを理解するために読者が知っておくべき事柄は何ですか？　つまり、どの部分を要約（サマリー）として提示する必要がありますか？

文化の分析者からすると、シーンとサマリーのあいだの移動は出来事（イベント）と文脈（コンテキスト）のあいだの移動と似ているかもしれません。ただし、コンテキストというのはあらかじめ決まったものでも、中立的なものでもありません。イベントは、私たちが強調するコンテキストと関連づけられ、特定の意味を獲得します。ギアツは警察が闘鶏を中断させる場面を描き、ラポールの構築とバリ文化における闘鶏の重要性を巧みに説明しています。ところが、もしも彼が、押しかけてきた警察と散り散りになった群衆を、一九六〇年代初頭のインドネシアにおける国家暴力と関連づけていたら、このイベントはまた別の意味を獲得していたことでしょう。

イベントの背景をなしているコンテキストには、より大きな歴史的プロセスが含まれることもあります。たとえばもうひとり大切な人類学者をここで取り上げましょう。サリー・フォーク・ムーアです。彼女の議論によると、エスノグラフィーでは「ローカルなイベントやそれに対してなされるローカルな語りが、異なる時空間スケールで同時展開しているさまざまなプロセスといかに結びついているか、その点まできちんと示されていなければならない」。彼女は有用な区別を提示しています。「前景にある関心事」、つまり個々のイベントに対して人びとが思い描いていることと、そして、これらのイベントを取り囲み特徴づけている「背景の条件」です。

✍ あなたが書いたシーンをもう一度読み直し、そこで描写されている人物の「前景にある関心事」と、それが含まれるより大きな「背景の条件」をそれぞれリストアップしてみましょう。（五分）

状況（シチュエーション）、物語、理論

クリエイティブ・ノンフィクションもエスノグラフィーも、物語とアイデアの融合による産物ですが、前者は物語性をつよく押し出し、後者は学問的な引用や議論の規範に従い、アイデアを掘り下げることに重点を置いています。このふたつのアプローチのあいだには、広大な可能性がひろがっています。

良き物語とはいったいどんなものをいうのでしょう。これは言うまでもなく（個人的で文化的な）好みによるものですが、私の場合について言わせていただきますと、傾向として、魅力的なキャラクターが登場し、意識や力関係の変化が含まれている話がとくに心に刺さります。内的ないし外的な矛盾や葛藤がストーリーを動かします。それはかならずしも時系列に整理されて語られなければならないというものではありません。具体的なディテールを完璧にそろえて語らないといけないというものでもありません。省略された内容や一時的に隠された情報も、書かれた内容と同様に大事です。キー

になるようなシーンを選び出してきて、その順番をああでもないこうでもないと楽しみながら工夫しましょう。文章中の時間はうしろ向きに進んでもいいし、横に進んでもいいし、ぽーんと思いっきり大きく進んでもいいんです。物語の流れや行き先を伏せておけば、そこにサスペンスが生まれます。

私は回想録作家のビビアン・ゴーニックからシチュエーションと物語の有益な区別を学びました。彼女によると「シチュエーションとは文脈や事情のことであり、ときに筋書き(プロット)を指す。物語とは書き手が大事にしている感情的な経験のことだ。つまり洞察とか知恵とか伝えておきたいと切実に願っているもののことだ」。この区別をエスノグラファー向けに言い直してみると、シチュエーションにはフィールドワークの場や、さまざまな個人的状況や、歴史的・社会的瞬間や、さらには研究対象に関する一般的な理論などが含まれるでしょう。それに対して物語とはエスノグラファーが私的に経験する、あるいは他者の中に目撃するような、身体や感情や知の変化のことを指します。

『西太平洋の遠洋航海者』の冒頭でブロニスワフ・マリノフスキーはフィールドワークとエスノグラフィーに関する宣言の中で、読者にこう指示しています。「君はだしぬけに、先住民の村にほど近い熱帯の浜辺に、一人ぼっちでわずかな荷物だけ持って降り立つ。君を連れてきたボートや小舟は、視界の彼方に漕ぎ出してしまっている。そんな場面を想像してみてほしい」。私がその分厚い本を読み始めたのは大学院生のときでした。打ち寄せる波、ざわざわと葉音を立てて揺れるヤシの木、近くに見える村の輪郭、そして海と空の強烈な反射光の中を進んでいくボート。そんな光景が目に浮かんできました。マリノフスキーは、住み込み調査者という興味をそそるシチュエーションに身を置いてみてごらん、非日常的な物語があるよ、こっちにおいでよ、と言って読者に手招きしています。多数の読者を獲得しているエスノグラフィーを読んでいると、こんなふうに語りの魅力性を全開にして、思いもよらないシチュエーションを切り開いて見せているものがわりに多いです。

物語とシチュエーションの関係について思考をめぐらせるとき、私の友人ラシャの言葉が思い返されます。私は幼馴染みの彼女に、私の家族の回想録『マイ・ファミリー&アザー・セインツ』の草稿を読んでもらいました。彼女の視点が私の視点を豊かにしてくれる、私はそう考えていました。彼女は現在プロダクトデザイナーとして活躍しています。でも、そのデザイナーとしての視点が恩恵をもたらしてくれるなんて思いも寄りませんでした。「とりあえず材料をぜんぶ並べてみたみたいな感じね」と彼女は言いました。「でも、まだデザインが決まってない。デザインを決めちゃえば、どの素材が使えるのかはっきりする。不必要な材料も見えてくるはずだわ」。私はその瞬間、はっとしました。原稿の前半部分はなくてもいいと気づきました。短くまとめられる背景情報にすぎません。私がどうしても伝えたい物語は後半にありました。私の兄が始めた霊的な探求が家族みんなに影響を及ぼすようになる部分です。私は原稿の頭から書き直し、物語のデザイン性を高めました。それまで中盤に置かれていた物語を頭に持っていきました。そしてそこから文章を膨らませていったのです。

ここでは、あなたの素材が提示しているシチュエーションの中にどんな物語が隠されているかを見つけ出すためのエクササイズを試みます。

✍ 書きたいなと思っているシチュエーションについて、時間、場所、個人の事情、そしてシチュエー

ションに関連している、登場人物たちのもっと大きな探求（クエスト）をそれぞれ一行で要約します。それからこれらのカテゴリーのいずれかで起きた劇的な変化をリストアップし、経験の大地からそびえ立つ物語の樹冠の先端を見つけ出す手がかりとしてください。（一五分）

たとえ森の中で迷子になったように感じても、何がメインの物語なのかまるで見当がつかなくても、あせらないでくださいね。物語はおおむね群生して育ちます。ほかの木々の影に覆われ、成長は遅れがちになります。巨大な木々が空に消えていくのと同じように、大きくて感情的に引き込まれる物語は、私たちの即時的な認知を超えて展開しているものです。作品の中で重要な役割を果たす、射程の広い、意義深い物語をしかと見定めるために、完成した原稿を何度も仕上げ直さなくちゃならないということも間々あります。

あなたが物語をつかむことができたとして、それが自分自身の経験についてのものなのか、それとも他者の経験にもとづく物語なのか、そこにちょっと注意を払ってみてください。エスノグラファーなら心得ていることですが、他者が提示してくれる物語というのは知と執筆における貴重なリソースです。エスノグラファーに対して、マリノフスキーが「現地人の視点」を見出すよう呼びかけたことはよく知られています。その一節を多くの人が引用していますが、たいていはその部分でとまっています。でも、そのあとに続く言葉も胸に刻む値打ちがあります。「我々は人間を研究しなければならない。そして、最も密接に人間に関係しているもの、つまり、人生が人間を捉えている力について研究しなければならない」と彼は書いています。私たちは「人びとの幸福の本質を理解しながら……彼らの生きがいとなっている主観的欲求」を知る必要がある、と。それはとことん力を尽くして、他者の視点から、内側から世界がどのように見えるかを理解しようとすることです。心の共感性ということがとことん問われる、ほんとに難しい挑戦です。とくに自分とはまるきり違っているような他者（遠くに住んでいる他者であれ、近くに住んでいる他者であれ）を理解しようとしている場合には。けれども、時間をかけて他者とともにそこにじっくり身を据えることで、人びとの視点や感情や物語を深々と納得できるセンスが少しずつ育っていきます。日常的な物語に関わること――そしてそのような関わりをライラ・アブー＝ルゴドの言う「個別的なもののエスノグラフィー」に置き換えていくこと――は文化を一般化して捉える思考法を超え、その先へと進んでいきます。そしてその営みには、定説として広まっている理論に疑問を投げかける可能性が内包されています。

他者たちは物語をどのように語りますか？　あなたはどうやって物語を見分けますか？　「昔々、あるところに……」というようなおなじみのフレーズ。物語が扱っているテーマ。物語が語られるよくあるシチュエーション。こういったもろもろのことがそこにある物語の姿をくっきりと浮かび上がらせてくれます。

✍ **あなたが他の人びとから集めた物語にはどのようなものがありますか？　形式（認識できる形）、テーマ（主題）、および文脈（語られる場面）について、それぞれ一行ずつ文章を書き、整理しましょう。（一〇分）**

私自身、口承に関する研究をおこなっています。なので経験的にわかるんですが、物語の始めから終わりまでその全体に言及し始めたら、文章は一冊の本くらいの分量にたちまち膨れあがってしまいます。あなたが選び出した物語は、あなたが探求している大きなテーマと結びついているはずです。私の論文と最初の本の主人公であるヒンドゥー教の老聖人スワミジは物語とシチュエーションを独特な方法で結びつけていました。

物語を語るとき、まずその場を見渡し、それから語り始めるといい。そうするとうまくいく。ともかく、時間なんか関係なく、話をすればいいというわけじゃない。タイミングを見きわめ、しかるべき形式で語らなければならないんだ。物語というのは例外なく何らかの目的のために語られるものなんだよ。

あなたがある特定の物語を取り上げた目的は何でしょうか？ ひょっとしたら、説明を書きつづるというよりも、その物語を用いて直観的なひらめきを示したいと思ったのかもしれませんね。ある物語を再現し、語り直すあなたなりの理由を、こちこちのアカデミックな理論ではなくて、日常的な言葉を使って表現してみたい、そう思われたのかもしれません。こういう場合にものすごく役に立つ方法があります。まずあなたが書こうとしているいろんな概念について、あなたが書こうとしている人びとだったらいったいどんなふうに語るだろうか、と想像してみるんです。彼らの視点は専門家による議論のたて方とどのように異なっているでしょうか？（たとえばチェーホフの作中人物であるミサイルによると、「義務であり必然」であるような仕事を抱えこんでいる労働者たちは、いちいち「労働の道徳的意義」について議論しないし、会話の中で「労働」という言葉を使うことすらありません。）

人類学者のマリリン・ストラザーンが指摘しているように、エスノグラファーにとっての課題は「単にシーンを生き生きと描くことではなく、思想に生命を吹き込むことにある」のかもしれません。あなたの仕事を方向づけている思想は過去の対話の上に成り立っています。あなたが理論に関する専門用語を使ってきっちりと議論を組み立てておられるのなら、すでに、取り扱うべき概念的なカテゴリーは明確になっていますし、特定のシーン、サマリー、シチュエーション、物語もそれに即して選び出すことができるでしょう。そう仮定して話を進めてみましょう。もしこの仮定がしっくりこないようでしたら、同じような領域で仕事をしている著者たちのことを思い浮かべてみてくださいね。

✍ あなたの調査地の選定と理論的な枠組みに影響を与えている、あなたにとって重要な著者たちの視点を会話形式で書き出してみましょう。まず調査地域が近い著者の視点を、次に理論的に距離が近い著者の視点を書いてください。本当に対話しているみたいに書いてくださいね。そして印象的な分岐点をクリアに表現してみましょう。（一五分）

「ええ、それに……」とか「でも私の資料では……」とか「ねえ、こんなふうに考えてみて。すると……」とか「……ということには気づいてた？」という文章を使うと会話っぽく進められると思います。あなたの作品はこれらの議論にどのような新しいヒントや物事のとらえ方をもたらすことができるでしょうか？

✍ 理論的な領域を共有する著者たちのもとに立ち戻ってみましょう。今度はその著者の名前を書く必要はありません。その代わり、彼らが議論している中心的な概念を並べてみてください。その会話にあなたはどういうかたちで発話をつなぎ、概念をどのように修正することができるか考えてください。「私の主張ではね……」と始めて、二、三行くらい自由記述（フリーライティング）をしてみましょう。（一〇分）

エスノグラフィーの詩神（ミューズ）としてのチェーホフ

二〇〇九年のはじめ、キャンパスの郵便受けを開けると、いつものように学内便の封筒や出版社のカタログや大学のイベントの案内チラシなんかが雑然と積み重なっていたのですが、郵便物の山の中にチェーホフの『サハリン島』の数ページ分のコピーが埋もれているのが見えました。大学院でエスノグラフィーの書き方に関するセミナーを担当していた私のために、友人であり同僚でもあるフランク・サロモンが届けてくれた資料でした。しばらくしてコピーに目を通しはじめると全文を読みたくなりました。本を読み始めると今度はチェーホフのほかの作品と彼の人生を知りたくなりました。すでに本書の原稿を書き始めていたのですが、新しい発見の喜びと未来への期待が本書の構成を作り変え始めました。

私の想像力をチェーホフが強烈に掻き立てた理由を説明しつくすことはとてもできっこありませんが、エスノグラフィーの書き手やエスノグラフィー的な味わいを持つ文章を書く作家にチェーホフがインスピレーションを与える可能性として少なくとも三点指摘できるように思います。第一に、社会的な位置を行き来するエスノグラファーとしての彼の洞察力をはっきりと示している点。彼の文章は驚くほど多彩な社会的観点、場所、生活世界を描き出しています。第二に、複数の職業的アイデンティティが、創作的な野心を刺激するということを身をもって示している点。医師であると同時に多ジャンルの作家でもある彼のキャリアは、アカデミックな文章を書きながら同時にそれ以外の多様な〈声〉でもって文章を書いている人や、エスノグラフィー的な思考と社会運動の両方に足をかけている人たちに希望を与えます。第三に、社会的観点の変化や執筆ジャンル間の流動的な移動のおかげもあって、表象の問題を鋭く、時としてユーモアを交えてえぐり出している点。彼の人生──『わが人生』の登場人物ミサイルのそれと重なる部分も多いです──を簡単に振り返りながらこれら三点について詳しく見てみましょう。

アントン・チェーホフ（家族や友人たちには「アントーシャ」と呼ばれていました）は一八六〇年、黒海北部のアゾフ海沿いの、多民族が共存する港町タガンログに生まれました。両親は自ら自由を買い取った農奴の子どもたちであり、そのためチェーホフには農民の生活との直接的なつながりがありました。彼が一六歳のとき、商店主の父親が破産し、モスクワに姿を消します。家族も父親のあとを追い、遠い大都会で暮らし始めます。一方チェーホフはうらぶれた古い土地に残り、そこで学校を卒業します。苦労の末にモスクワで医学を学ぶ奨学金を得て、家族と合流します。彼はそこで「地方の少年」から「都会の国際的知識人」へ変身し始めます。奨学金で両親と兄弟を養い、一九歳になると雑誌や日刊紙に短いコメディを書き送り、収入を増やし始めます。スケッチ、漫画のキャプション、書評、物語など売れるものなら何でも手がけました。医師としての仕事は彼に、さまざまな背景を持つ患者を身近に知る機会を提供しました。そして文学的地位が高まるにつれて、彼はロシアのさまざまな社会階層や地域のファンたちと交流の機会を持つようになります。

チェーホフの固定的なレッテルに対する警戒心は、多様な社会的立場や視点の内側を生きてきたその個人的経験に起因しているかもしれません。彼は人生に参加者として、観察者として関わり、他の人があたり前だと思っている常識を、「ほんとに?」と疑問符を頭に浮かべながら眺めていました。チェーホフのイメージを固定しないと気がすまないせっかちな批評家たちは、単一の思想的・政治的立場を拒み続ける彼の態度にいらいらをつのらせました。当初、彼は「アントーシャ・チェホンテ」を筆頭にさまざまなペンネームで執筆し、本名を、医師という将来の職業上のアイデンティティのために大切にとっておいたのです。二六歳で最初の短編集を出版するとき、著者名をアントーシャ・チェホンテにするかどうか最後の最後まで悩んだあげく、アントン・チェーホフと本名を名乗ることに心を決めました。でもアントン・チェーホフがその後どんどん力をつけ、ボリュームのある本格的な物語や劇を書くようになっても、アントーシャ・チェホンテのおどけた声と荒唐無稽とも言える細部に宿る喜びは、強い酒の中に浮かび上がってくる細かな泡みたいに、絶えず軽やかに表面に顔をのぞかせ続けました。二八歳のときしだいに作家として注目を集めるようになっていたチェーホフは「僕のことを人びとはピンで固定したがっている」と不満げに述べています。老齢の編集者で詩人のA・N・プレシェーエフ（彼はドストエフスキーとともに進歩的な文学サークルに参加したために投獄され、一〇年間シベリアで過ごしました）に宛てた手紙には、チェーホフの強い信念のようなものがつづられています。

レッテルとかタグとかそういうのは偏見なのではないかと思うんです。僕にとっていちばん大切なものは人間の身体、健康、知性、才能、インスピレーション、愛です。それから、想像しうるかぎり最高に絶対的な自由です。ありとあらゆる形態の暴力と偽りからの自由。もし僕が名のある作家になれたら、そういう尊いものたちを、書くという自分の営みの真ん中に据えて書き続けます。やれやれ、いささか長々と文章を書き連ねすぎたみたいですね。お元気で。

敬具
A・チェーホフ

「もし僕が名のある作家になれたら」という仮定法にほのみえる謙虚さと、ちょっと長文すぎですね、という穏やかな気づかい。チェーホフが私にとって尊敬の対象であるばかりでなく、愛すべき対象でもある理由はそこらへんにあると思います。

チェーホフは多方面の期待に応えなければならない自分の立場を笑いのタネにしていました。彼の後援者であり、長年にわたって手紙を頻繁に交わしていた友人の新聞編集者アレクセイ・スヴォーリンが、医者と作家の「二兎を追う」チェーホフを批判したときも、チェーホフはそんなことべつにたいした問題ではないんですよと答えています。

> 自分には職業がひとつではなくふたつあるんだと考えると頭の中がはっきりしてきて、気持ちも充実してくるんです。医学は僕の法律的な正妻であり、文学は愛人なんです。どちらか一方と一緒にいて、なんだかうまくいかない感じになるともう片方と夜を過ごします。なんだかちょっとでたらめな生きかたかも知れない。だけどこうすると退屈しないし、僕のどっちつかずの愛のせいで何かが損なわれるわけでもありません。もし医学の道がなかったら僕は暇を持てあましてしまって、文学に真剣に思いを注げなかったんじゃないかと思います。なにしろ僕には規律というものが欠けていますから。

小説と劇曲も彼の中でせめぎ合っていました。「表現形態からすると小説は正妻みたいなものです。それに対して戯曲は派手で騒々しく、厚かましい、やっかいな愛人です」。さらに彼が一作だけ書いているノンフィクション作品が、この三角関係にもうひとつ屈折をつけ加えています。「僕はサハリンの本を書いていますがその合間を縫って、家族を飢え死にさせるわけにいかないから、詩神（ミューズ）を腕の中に抱きしめながら短編小説を書いているんですよ」。これらの文章を読んで私はくすっと笑っちゃいました。でもちょっと批判的な気持ちにもなりました。「このチェーホフのメタファーって、ハンサム男の実生活の女性観丸出しなんじゃないの」みたいな感じで。私の母がうんざりした口調で言っていたことですが、チェーホフの時代、結婚は社会的責任をしっかりと負うことを意味し、愛人を持つことは情熱に従うことを意味していたということなのかもしれません。チェーホフは人生において「夫」と「愛人」の役割をうまく両立させ、医者として、そしてさまざまなジャンルの作家として活躍しました。そして最終的には、長きにわたり情熱的な愛を注ぎ続けた女性と結婚しました。

　さらにチェーホフは文学と医学のアイデンティティを社会参加と結びつけてもいました。医学を職業としては営まなくなったあとも彼は医師として診療を続け、家族や友人、農民たちを無償で治療しました。一八九〇年には過酷なシベリア横断旅行を敢行して樺太の収容所を視察し、一八九一年の冬には飢餓救済に尽力し、つづけざまに起きた一八九二年のコレラの流行時には医師仲間とともに対応にあたりました。また農民のための学校を設立し、国勢調査に協力し、大量の本を寄贈して公共図書館を建設しました。このように政治と関わりの深い活動に常に身を置きながらも、政治的なメッセージを常日頃発信するような種類の人間ではありませんでした。ところが一八九八年にユダヤ人陸軍将校アルフレッド・ドレフュスに対する冤罪事件の再審がフランスの裁判所で始まり、作家エミール・ゾラ（彼はドレフュスの無実を弁護し、陰謀事件であると指摘しました）が名誉毀損で裁かれると、当時ニースを訪れていたチェーホフは激怒します。彼はドレフュスやゾラを支持するため原裁判の記録を精査し、ロシアの新聞報道における反ユダヤ主義的な論調、とくにスヴォーリンの所有する新聞に対してはげしく抗議しました。数年後、作家マクシム・ゴーリキーが政治的意見を理由にロシア科学アカデミーから排除されたことに抗議して、チェーホフはアカデミーを辞任し、自分の政治的立場をはっきりさせました。

文学的成功をおさめながらもチェーホフはなにかと金銭的に困窮していました。その理由のひとつは、彼がつねづね他人を物やお金のかたちで支援していたことにあります。肉親のみならず、友人や見ず知らずの人まで面倒をみていたんです（彼は遺言で、親族が亡くなったあと彼の財産を、生まれ故郷のタガンログの公教育支援に使うよう申しつけています）。生前、彼に助けられたとんでもない数の人びとが感謝の手紙を書き送っています。現存する七〇〇〇通以上のチェーホフ宛の手紙を社会経済出版社がソ連時代に編集・出版しています。何を感謝しているのか判然としない手紙には、出版社による説明文が添えられています。たとえば「チェーホフはキリンにコロムナまでの旅費を貸した」というふうに（これは私キリン・ナラヤンの創作ではありません）。

チェーホフは私にも言葉をくれました。それだけじゃなく、もっと多くのものまでくれました。今こうして短いポートレイトを書きながら私は、彼が一八九八年の春にニースで友人に宛てて書いた手紙を思い出しています。そのとき彼はすでに作家としても劇作家としても相当な名声を確立しており、油絵の肖像画を描かれても不思議ではないくらいの有名人になっていました。

ブラズが僕の肖像画を描いてくれている。アトリエで。僕は緑のベルベットの背もたれのあるアームチェアに座っている。正面を向いて。白いネクタイ。「ネクタイもあなたも本当に本物そっくりですね、ほんとに」と人びとは言います。だけど僕の顔は昨年同様、まるで大量のセイヨウワサビを嗅いだみたいな表情を浮かべていて……

チェーホフについて文章を書いているとき、私は自分の書いている文章が彼の実像と彼の言葉を適切に表現できているのか自問してしまいます。チェーホフの独特の言い回しを思い出そうとしても、言葉の順序や構造まで正確に再現するのは至難の業です。そのたびに、（翻訳文ではあるんですけれど）彼の精度の高い文章が医療器具みたいに鋭い輝きを放っていることにあらためて驚かされます。この本でも、ノンフィクションという書き物に対する彼の考察をところどころで取り上げましたが、文章を書くこと全般に関する彼の考察を知りたいと思う方には、ピエロ・ブルネロとレナ・レンチェクの編著『チェーホフのように書くには』（二〇〇八年出版）をお勧めします。

チェーホフは、読者が彼の物語から何を学ぶべきかを具体的に示していないじゃないか、と批判されることがわりとよくあります。明確な結論をひき出したり、根底にある信念を明示したりするのをためらっている、と。チェーホフはスヴォーリンに送ったたくさんの手紙の中で「問題の解決と、問題の提示」を区別しながら自分の立場を説明しています。専門家は問題解決に注意を傾けるけれど、芸術家の役目というのは問いを投げかけることなんだ、と。「芸術家は観察し、選び、推測し、整理しますが、これらのすべての行為の出発点に、問いを持つことがあります。最初に自分自身に対して問いを設定しなければ推測も選択もありえません」

でも注意してほしいのですが、チェーホフは、文章で〈何かを表現することによって問いを提起すること〉が〈分析によって答えを導き出すこと〉につながっていく可能性を否定しているわけではありません。実際『サハリン島』はその試みとなっています。チェーホフは当時の社会的不平等、資本主義の暴走、産業の発展、抑圧的な国家政策、環境破壊、さらに人間の心の複雑さを問いかけながら物語、劇、ノンフィクションの新しい形式を追い求めました。彼が執筆のためにアイデアを書き留めていたノートにはこう記されています。「新しい文学の形式はいつだって新しい生活の形式を生み出す。そしてそれは保守的な心に揺さぶりをかけるんだ」

チェーホフは三十代後半で正式に結核と診断される前から、咳や吐血、体力低下などのさまざまな症状に悩まされていました。自分が生きているという現実を驚くべき謎みたいなものとして冷静に捉える彼のセンスは病み患いの日々の中で呼び起こされたのかもしれません。『わが人生』の終盤で、シカゴ万国博覧会に出かけるマリヤ・ヴィクトロヴナは、「すべてのことは過ぎ去る」と刻まれた指輪を注文した、とミサイルに手紙を出します。もし自分が同じような指輪を注文するとしたら「何もかも過ぎ去るわけじゃない」という言葉を刻むだろうな、とミサイルは思います。「なんの痕跡も残さずに過ぎ去っていくものなど存在しない。とるに足らないくらい小さなものであっても、僕らの歩みは現在と未来にとって重要な意味を持っているんだ。僕はそう信じている」。あるいは『無名氏の話』の中で、使用人を装った上流階級のスパイが結核を患いながら「せっかくの一回きりの人生なんだから、気分良く、しっかりと手ごたえを感じながら、美しく生きていきたいな……」と言う。マクシム・ゴーリキーの回想によると、チェーホフはソファに横たわり体温計で遊びながら、咳の発作の合間に「ただ死ぬために生きるのはつまらないよね。でも、自分の寿命より先に死ぬと知りながら生きていることよりつまらないことはないよ、ほんとに」と言ったそうです。チェーホフは結核の合併症のためわずか四四歳で亡くなりました。

振り返ってみると、私はこの数か月間というもの、チェーホフについてもっと知りたいという衝動に駆られてきました。そしてその気持ちは、今あなたが手にしているこの本の執筆に得難い助力を与えてくれました。前に、あなたが作品に込めたいと考えている中心的な洞察についてのプロンプトを提示しました。本章を終わるにあたり、あなたの好奇心を尊重して、自由度の高い招待状みたいなプロンプトを示そうと思います。あなたの作品が物語志向であれ議論志向であれ、また確立されたジャンルの中で書こうとしているのであれ、新しい形式に挑戦しようとしているのであれ、観察した事実を選び出し、仮説を立て、体系化することへとあなたを動機づけている問いについて考えをめぐらせてみてください。このエクササイズでは、自分の好奇心を思い切り書き表してみましょう。

✍「私が最も興味を持っていることは……」で始まる文章を書いてください。（二分）

これから先エクササイズを進めていく中で、とくに気持ちが折れてしまったときなんかにはなおさらのことなのですが、ちょくちょく自分の関心のおおもとに立ち返ってみるといいんじゃないかなと私は思います。もしも書き進めていることがありきたりなものに思えてきて書き続ける気がしなくなったら、ちょっと前まで自分の興味が掻き立てられていたのはなぜだったかを思い出してみるといいですよ。そしてその理由を自分自身に向かって説明してみてください。未来の読者に向かって説明するみたいな気持ちで。

＊　＊　＊　＊　＊　＊　＊　＊　＊　＊　＊

物語（ストーリー）と理論（セオリー）

書きたいと思っている中心的なアイデアや問題をまるで劇のようにコンパクトに表現している出来事を描写しましょう。五感をフルに使い、起こった出来事を追いながら、人びとや場所の詳細を生き生きと書きましょう。現段階では、あなたが明らかにしようとしている概念を明確にうち出す必要はありません。とにかく現実の場面を示してみることが大事です。（二ページ）

理論（セオリー）と物語（ストーリー）

今度は一歩だけ後ろに下がってみてください。今あなたが書いたような出来事に落とし込んでみようとあなたが思い立ったアイデア、つまりその出来事を記録する値打ちがあると感じ取った、より大きな導きとなったようなアイデアをつかみ出してみてください。専門用語を使うことを考えているのなら、ビギナーにもわかるようなとっつきやすい言葉を補いながら書いてみてください。必要に応じて先人の言葉なんかも引用しながらアイデアの骨格を説明し、その出来事を要約してみてくださいね。（二ページ）

2 場所

三〇歳のアントン・チェーホフは帝政ロシアのサハリン流刑地に船で到着し、二か月後にふたたびバイカル号に乗船し、島の北から南に向け航海に出発しました。彼はそれまで何年間も、騒々しい社交界の中で執筆を続けていました。船長、士官、少数の陽気な同乗者たちが甲板で談笑しているあいだ、チェーホフは友人スヴォーリンに手紙を書きます、「僕はすべてを目にしたんだ」。「だから重要なのは、何を見たのかではなく、どのようにそれを見たかなんだ」

最終的にどんなかたちになるのかはわからないけれど、かなりの成果をあげることができたよ。学位論文三つ分くらいの材料は集めた。毎日朝五時には起きて、夜遅くまで起きていたし、何かやり残していることはないだろうかと頭をひねりながら抜かりなく毎日を送ったんだ。流刑地での仕事を終えた今僕はすべてをこの目におさめたという気がしているよ。でもね、象を見逃してしまったような気もするんだ。

あなたがエスノグラファーなら、チェーホフのジレンマには身に覚えがあるかもしれませんね。エスノグラフィーに取りかかっているとき、収集した資料がどのようなかたちになっていくのかは見当もつきません。自分が正しい方向に進んでいるかどうか確信を持つことができない。どんなに身を粉にして仕事に明け暮れても、自分は何かとても大切なことを見落としているのではないか、と。具体的でこまごまとした事実の記録ばかりに気をとられ、物事の大きなパターンを取りこぼしていやしないか？　この手紙の中でチェーホフが、ロシア人作家イワン・クリロフの寓話を思い浮かべているのは明らかです。ある男が自然史博物館を訪れるのですが、彼は小さな昆虫の展示にばかり夢中になって巨大な象の剥製には気づかずじまいだった、というお話です。

ところで、チェーホフが手持ちの資料を学位論文と関連づけているのはどういうことでしょうか。チェーホフは一八八四年に医学の学位を取得し、すぐに医師として働き始めました。並行して短編小説の執筆も続けていました。一八八八年には三冊目となる作品集が、由緒あるプーシキン文学賞を受賞しました。これだけの成功をおさめているのだからなにも学位論文にこだわらなくたっていいじゃないのと思いますよね。だけど何年も前から彼は医学の博士論文のことが心に引っかかっていました。この道できちんと自分の実力を証明できれば、モスクワ大学で講義をするのに必要な資格を手に入れることができるという事情が背景にあったようです。実は、流刑地というテーマは彼にとって第三のアイデアでした。彼はそれまで、ジェンダー間の不平等の歴史やロシアにおける医療実践の歴史について書くことを考えていました。

帝政ロシアは二世紀以上にわたり囚人をシベリア東部の広漠とした土地に追放していました。太平洋岸に浮かぶサハリン島はロシアにとって、獲得したての新領土でした。北部は一八五七年以来ロシアが領有権を主張していましたが、南部については一八七五年に日本から割譲されたばかりでした。この頃から政府は積極的に植民地化を進め、労働力として、そして植民者として数多くの受刑者をこの土地に送り込みました。チェーホフがサハリンに興味を持ったのは一八八九年の秋のことです。公務員試験の準備として弟のミハイルが勉強していた刑法と刑務所管理に関する講義ノートを手に取り、たまたま目にしたのが当地に関する記述でした。

シベリアとサハリン――多民族国家である帝国ロシアにおいてモスクワから最も遠い土地です――を三か月かけて横断するという困難な旅行に出かける計画をチェーホフが打ち明けたとき、チェーホフの家族や友人たちはあっけにとられました。彼はこの旅についてあれこれといろんな理由を並べ、みんなを混乱させました（チェーホフの生涯を書くことになった伝記作家たちも混乱しています）。旅行に出かけた時期についても複数の解釈の可能性を残すような言い方をしています。結核で兄を亡くし、すっかり気力を失っていたのかもしれません。文学的に大成功をおさめたために周囲が耐えがたいくらい騒がしくなっていたのかもしれない。社会的良心が欠如していると言って攻撃してくる批評家たちに反論したい気持ちがあったのかもしれないし、戯曲『森の精』の不評がかなりこたえていたのかもしれない。姉の友人で灰色の目をした女性リカ・ミジノワと決別するためだったのかもしれません。一八九〇年の春、友人で編集者のスヴォーリンが「サハリンのことなんか誰も興味を持たないよ」と言って思いとどまらせようとしたとき、チェーホフは、その頃自分がおろそかにしていた医学におけるキャリアと社会的良心の両方について説明しました。「少なくとも一〇〇ページか二〇〇ページは書いて、医学に対する恩義を返したいと思っているんだ。君も知ってのとおり、僕はこのことに関してはこれまで豚みたいに振る舞ってきてしまったからね」と彼はスヴォーリンへの手紙に書いています。「誰も流刑地のことなんかに興味は持っていない」と主張する、もっと保守的な友人にも彼はきっぱりと反論しています。「耐えがたい苦しみの場」に対して人は注意を払うべきなんだ、と。関心を示さないでいることは市民として——看守だけでなく一般市民として——道徳的に決して許されないことなんだ、と。

その春、チェーホフはサハリンとロシアの監獄制度について書かれたすべての資料に目を通し、メモをとり、サハリンでの調査の準備をしました。その中には、ロシアで発禁処分を受けていたアメリカ人ジャーナリスト、ジョージ・キーナンによるシベリアに関する記事も含まれていました（常に協力的だった妹のマーシャと彼女の友人たちがこうした背景調査を手伝ってくれたんです）。「一日中読み、メモをとっているんだ」と、チェーホフは別の友人に話していました。「頭の中と紙の上は、それこそサハリンでいっぱいなんだ。ある種の狂気だね。サハリン躁病さ」

言うまでもないことですが、ある土地の記録に深く身を浸すことはエスノグラファーにはおなじみの経験です。ところが、エスノグラファーは通常現地に少なくとも一年間は滞在しますが、チェーホフはわずか三か月間、夏の短い期間しかサハリンに滞在しませんでした。七月に島の北部に到着し、九月に南部へ出航、一〇月には香港、シンガポールを経由してセイロンへ、そしてオデッサへと帰路につきました。

この三か月でチェーホフはびっくりするほど多くの資料を収集しました。入植地ごとに統計をまとめました。接見が許された男性、女性、子どもに対して簡易的な人口調査を実施し、一万枚ものカードに記録をとりました(政治犯と話すことは公式には禁じられていました)。独房で暮らしながらじゃらじゃらと鎖の音を立てて重労働にかり出される囚人や、刑務所の外で家族と生活することを許可されている労働囚や、刑期を終えたものの島に残ることを義務づけられた「解放入植者」たちと彼は話をしました。こうした対話から多様な事実、考え方、ライフストーリーが像を結び始めます。チェーホフはまた、関連事業を監督する多くのロシア人官僚たちを観察し、対話を持ちました。さらに植民地化によってあらっぽいやり方で生活様式を変化させられていく先住民のギリヤーク人やアイヌ人たちとも、ごく短期間だったけれど交流を持つことができました。

「旅行記」。それは最終的に仕上げた自分の作品に対して彼が最初につけたサブタイトルです。けれどもチェーホフは科学的な医療の知識背景と文学の技巧をもって、それを旅行記という域のはるか先まで深めています。チェーホフは『サハリン島』を、半分は学術的な貢献として、そしてもう半分はサハリンの悲惨な状況を広く伝える警告の書として書き表しました(同時に帝政ロシアにおける検閲をくぐりぬけなければなりませんでした)。チェーホフは『サハリン島』をエスノグラフィーとは呼んでいませんが、私にはこの本のあちこちにエスノグラフィックな要素がちりばめられているように見えます。人びとの生活がより大きなシステムによって形成されている側面に向けられたチェーホフの鋭い洞察。語り口や意味的な内容以上のものまで何ひとつもらさず拾い上げる彼の耳。示唆的な細部の事実に注がれる彼の眼。『サハリン島』は長大で読みとおすのにひと苦労する本です。翻訳者のピエロ・ブルネロとレナ・レンチェクは『チェーホフのように書くには』という編著の中で、『サハリン島』におけるきらりと輝く独特の才覚と、クリエイティブ・ノンフィクションとエスノグラフィー双方に対して有している現代的な意義を簡潔にまとめています。エスノグラフィックに場所を表現するにはどうしたらいいのだろう？　よくわからなくなったとき、私は『サハリン島』を手に取ります。そしてそこから短い節を拾い上げ、他のエスノグラファーたちの作品の中で見つけた文章と織り交ぜ、書き始めます。

エスノグラフィーが他者の生活を調査し、執筆する方法として確立されたとき、人類学者の調査の場としての「フィールド」は文化的に異なり、距離的に隔絶された場所を指していました。フィールドワークの適地をめぐる考え方が変化していくにつれて、その手法や表現方法もまた変化しました。現代のエスノグラファーはフィールドを身近な都市に、そして、アーカイブやマーケットや企業や実験室やメディア世界やサイバースペースなどに見出しています。さらに、加速するグローバリゼーションの影響により場所同士がますます複雑に結びつき、それにつれて、フィールドはローカルなネットワークを超えるようなより大きな広がりを持つ空間になりました。このあとおこなうエクササイズであなたが書くことになる場所は遠くにあるのかもしれないし、すぐそばにあるのかもしれません。概念的にはっきりとした輪郭を持つ場所かもしれないし、広範な範囲にまたがる場所なのかもしれません。あなたは自身のノートや記憶をもとに書いていくかもしれませんし、あるいは、他の人の記録を使って書くこともあるでしょう。

あなたが書いている場所

場所について書くとき、たいてい複数の場所がそこに関係してきます。記述されている場所はもちろんだけど、身を置き執筆している場所も関わってきます。しっかりと体をほぐして場所について書き始めるには、あなたが書こうとしているまさにそのとき自分のまわりにあるものをじっと観察するとうまくいきます。たとえば、私はこの章の初稿を書こうとしたとき、なかなか自分の〈声〉が出てきませんでした。下書きした短い文章をどんなふうに配列したらいいかもちんぷんかんぷんでした。そこで私は強く意志的に周囲を観察し、そのとき自分が腰を下ろしていた場所をひとまず言葉で表現してみようと思い立ちました。

いちめんの鋭角と白い陰影を持つロフトの壁は夏の午後の暑さをはらみ、まるでガーゼのようだ。南側の低いアーチ型の窓は、咲きこぼれている菩提樹の緑と黄色を屈折させ、北と東の窓からは空の微光が差し込んでいる。他の天窓はシェードが下ろされている。机の前に座り、まわりを見渡すと、右手にあるエアコンががんがん動いて部屋を冷やしている。頭上ではファンが回転している。暑さに耐えかねて私は階下に移動し、ノートパソコンでこのパラグラフのつづきを書き始める。目で見ながら書いていた場所について、今は記憶をたぐり、そのイメージを言葉に置き換えている。

ロフトや窓の外の菩提樹のことなんかに読者はさして興味を持たないと思うけれど、私が毎朝書くように努めている日記にそれらは季節を問わずよく登場します。菩提樹は、朝日が描く淡いアプリコットの光や、プリズムから散らばる虹や、ひとなつっこい感じで上の階で日なたぼっこしている猫たちとともに、いつだって私をけだるい沈黙から救い出してくれます。書くという瞬間の中に身体を位置づけるということは散漫になりがちな心をしっかりと現実に着地させ、現在にフォーカスを合わせるということだけでなく、自分の進むべき道をクリアに照らし出してくれます。試してみてください。

あなたは今どんな場所にいますか？　二、三行書いてみて。

この文章を読み返したり、自分以外の読者と共有したりすることはこの先ないかもしれません。あるいは、もしかしたらあなたがいるその場所のことを、なにかのエッセイでいつか使うことがあるかもしれません。そのときは今書いた簡潔な文章が役に立ちますね。いずれにしても、今身の回りにあるものを観察することは、認識と言葉を結びつける出発点になってくれます。このエクササイズは私に、この世のすべての物事は注意を払われる価値を持っているということを思い出させてくれます。単なる文章の練習以上のものです（私はこのプロンプトを授業でも使いました。全員が五分くらいかけて教室のことを文章にします。見慣れた空間を他の人がどんなふうに見ているかを知るのは誰にとってても楽しいことみたいです。いくつかの文章が並べられ、表現についての議論が自然に始まります）。

身の回りのものを書いてみると、自分がいかに多くのものを省略しているかに気づかされます。さっと手早く書かれた文章からは当然ながら多くのささいな物事が抜け落ちています。ある瞬間の視点から描かれたものだから当然ですよね。でも、だからこそその文章はある特定の関心事や雰囲気をうまく伝えてくれます。やたらたくさんの細かな事実を念入りに書き込みすぎると、読者を閉口させてしまいかねませんし、直感的な印象にもとづく大胆な筆致には遠く及ばないひ弱な代物になってしまいがちです。ノンフィクションの執筆を教えている友人が、授業で使っているエクササイズのことを話してくれたことがあります。「学生たちははじめに記憶にもとづいてある場所について文章を書くわけ。でその次にその場所に行って記述してみる。すると、決まって最初に書いた文章には生命力とエネルギーが満ちているのに、二番目のほうは生真面目に細部にこだわりすぎるがゆえに、なんだか弱っちい文章になっちゃうのよ」と彼女は言っていました。

あなたが書いた文章をもう一度よく見てください。そのディテールは主として視覚的なものになっていませんか？　エスノグラフィーを書くとき、往々にして視覚が幅をきかせがちです。意識的に五感をフルに働かせることが、場所をめぐるより深い想起を可能にします。もう一度今あなたが書いている場所に立ち返ってみましょう。

✍ **なるたけ五感をフルに使って描写してください。形象、匂い、音、味、手触りを含めながら、できるだけ具体的かつ正確に。**

多義的な場所へ向かう道

私たちは誰しも場所に対する連想や思い込みの束を心の中に持ち歩いています。これらの多くはどこからともなく受け渡されてきたものです。自分の連想を解きほぐし、それをいつどこで拾い上げたのかをじっくりと考えてみてください。綿密に精査するとそれは蒸発してしまうようなものなのか、それともそこには確かに現実の洞察が凝縮されているのか、そこの見極めをしっかりつけましょう。それは自分の執筆の立ち位置を見定める手助けになります。また読者の求める内容をつかむための手がかりにもなります。

私は一六歳で渡米したばかりの頃、出身地を告げたときの人びとの反応に戸惑うことがしょっちゅうありました。目を輝かせて「インド！」と大声をあげる人もいました。「そうかい、インドか……」と心配そうに言う人もいました。そうかと思うと、意味ありげな笑みを浮かべ、「あらあら、イン…ドねえ……」と言う人もいました。そんなとき私は決まってどのような連想がそんな反応を引き起こしているのかと思案しないわけにはいきませんでした。数年後に大学院生になった私はシカゴを拠点にインド研究をしている人類学者ミルトン・シンガーのエッセイと出会いました。私を戸惑わせた人びとの反応を西洋とインドの数世紀にわたる歴史の中に位置づけるうえで、そのエッセイは大いに役立ちました。「多義的なインドへの道」と巧みな題名がつけられたそのエッセイの中で、シンガーはマハラジャ、金、織物、スパイスといった華麗で荘厳なインドから、貧困、病気、カースト的従属、抑圧された女性といった問題に満ちたインド、そして古文書、非暴力不服従、導師、瞑想、ヨガといったスピリチュアルなインドまで、種々雑多なイメージをめぐる歴史的な背景を説明しています。シンガーが指摘しているように、外部の人間によって作られたイメージが自己イメージとして内面に取り込まれることも珍しくありません。このエッセイが書かれてから数十年のあいだにインドに関してほかにもたくさんのイメージが生まれました。たとえば、対立する住民間の暴力、原子力発電、ボリウッドの狂想的な映画作品、コールセンター、急速な経済成長などと結びついたイメージなどです。ですが、前からあったイメージも今なお活発に流通しています。

✍ **あなたが書こうとしている場所から連想される一般的なイメージ（たとえば、さまざまな人びと、物、活動、色、匂い、味）をいくつか挙げてみてください。**

地名は、複雑な文化間の歴史を明らかにすることがあります。たとえば「インド」は、ペルシャ語やアラビア語でインダス川（シンドゥ）の向こう側の土地を指す「ヒンド」あるいは「アル・ヒンド」という語や、古代ギリシャにおける「インディカ」に関する記述を思い起こさせます。

チェーホフも指摘していますが、「サハリン」の名は一八世紀初頭に中国の皇帝の命を受けて作られた地図（日本人の船乗りが作成していた海図を参考にしていました）をフランス人が読み間違えたことに由来します。この中国の地図には「サガリェンｰアンガハタ」（モンゴル語で「黒河の断崖」）

とあり、島の西の本土、アムール川河口付近を指していました。ところがフランスでは、この表記が島の名前を表していると勘違いされたのです。そしてその後もヨーロッパの地図に誤解にもとづく地名が記載されることになりました。

チェーホフの地名への関心は旅行中も失われることはありませんでした。サハリンの集落が初期の重要な探検家ではなくロシア帝国の植民者たちによって「シベリア総督や刑務所長やさらには医師助手」にちなんで名付けられていることを、彼は控えめな皮肉を込め「興味深い」（「好奇心をそそる」と訳している例も見られます）と評しました。これらの集落に名前をつけていたのは当局でした。ただしチェーホフによると道路には入植者自身の名前がつけられることもありました。たとえばライコフという獄長にちなんで名付けられたライコフスコエまたはライコボという集落には「シゾフスカヤ通りがあり、それは亡命してきた女性シゾフスカヤの小屋が街角に建っているのでそんなふうに呼ばれるようになった」そうです。

✍ あなたの作品構想に関わりを持つ地名をいくつか挙げてください。これらの地名はどのような権力関係を示していますか？　またあなたはその地名からどのような文化的価値観を感じ取りますか？

キース・バッソは『知恵は場所に宿る』の中で、アリゾナ州のホワイトマウンテン・アパッチの人びとが地名や場所にまつわる物語を道徳的な教えとして用いていると述べています。たとえば「クソの影」という地名には、トウモロコシを人と分け合わず病いに陥った身勝手な人びとの物語が埋め込まれていますし、「白い岩の輪郭が高くそびえ外側に突き出している」という地名は祖母の助言を無視した少女のことを人びとに思い起こさせます。地名が発されて意味がそれとなくほのめかされるだけのこともあれば、物語のあらすじが語られることもあります。あるいは語りの才覚を発揮し、たっぷりと時間をかけて物語が再演されることもあります。いずれの場合も物語が風景の中に存在し続けていることで、物語の意味が強化されているのです。

✍ **あなたの作品と関わりを持っている地名が、人びとによく知られている物語をどのように伝えているのかについて考えてみましょう。地名をひとつ選び、その地名にまつわる物語についてあなたが知っていることを語り直してみてください。**

場所の肌触り

本を読むこと。それは私たちを旅に連れ出してくれます。読者がその場所のことを理解し、実際にそこにいるかのように感じられるようにするために、エスノグラファーはなにをどのようにすればいいのでしょうか。チェーホフはサハリンの一地方の描写を統計的な情報から始めています。「降水日は年間平均一八九日である。雪の日が一〇七日、雨が八二日だ」。次に、「鉛色の雲」が何週間も続き、それが住民に与える憂鬱な影響について述べています。ところがこの段落の終わり近くで、こうした数値情報とじめじめと湿気がちな天候に関する一般論に、ある一瞬の観察事実を挿入しています。「きれいに晴れ渡っている日、汚れひとつない乳白色の霧が海から流れ込んでくるのを私は見た。まるで空から地上に白いカーテンが下ろされたような光景だった」

マーガレット・ミードは真昼の焼けつくような暑さを「サモアの一日」という章（『サモアの思春期』の舞台設定の章です）の中で次のように書いています。

時刻は正午。太陽はおちびちゃんたちの足をじりじりと焦がしている。彼らから置きざりにされたヤシの葉のボールと、フランジパニの花の風車は日なたでしおれている。子どもたちは家々の陰にもぐりこんでいる。外を歩かざるをえない女性たちは大きなバナナの葉を日傘みたいに手に持って歩き、濡れた布を頭に巻いている。村に残された者は、斜めから差し込む日ざしをさえぎるためにすだれをいくつか下ろしている。誰も彼も頭にシーツを巻いて眠っている。ほんの二、三人ばかりの冒険好きな子どもたちは家を抜け出して高い岩の物陰で遊泳し、数人の勤勉な女性たちは機織りを続け、親しい女性たちの小さなグループは陣痛に苦しむ女性に心配そうに寄り添っている。村はまばゆく、黙りこくっている。どんな音も奇妙なくらい大きく響き、なんだか場違いなものに思える。この固い熱の塊を、言葉さえものろのろと切り裂いて進んでいかなければならない。

ミードは「きわめて暑い」とあっさり片づけていません。暑さが人びとを屋内や日陰に押しやっているようす、バナナの葉や頭に巻いた濡れた布、冷たくて気持ちがいい水泳なんかで暑さを和らげる習慣、村の日常活動がぴたっと停止している情景が書きこまれていることに注意を向けましょう。

ある場所における一日の特定の時間帯の様子を描写してください。自然環境が社会生活に及ぼす影響についても書きこみましょう。

熱帯の一日から離れ、その真反対を考えてみましょう。極寒のシベリア・タイガへ。ピアーズ・ヴィテブスキーは『トナカイの民』の中で、ソ連による施策の影響下で遊牧生活の変容のさなかにいる先住民エヴェンキ人とトナカイの密接な関係を追っています。年をとり一線から身を引いた牧夫と一緒に冬の狩猟に出かけた彼はテントから出発するとき、なんと一五枚もかさね着をしていました。以下は、狩りの初日の記録です。

今日の気温は寒く感じたけれど、マイナス四十度まで到達してはいなかった。マイナス四十度以下になると学校は休校になり、子どもたちは家に帰される。ヘリコプターや複葉機は飛べなくなるし、唾液は地面に落ちる前に凍ってしまう。熱いお茶を空中にさっと投げると、またたく間に凍って、きらきらした小さな結晶になり、地面にふりそそぐのだった。

瞬間冷凍された唾液と熱いお茶のイメージはっとするくらい直感的な即時性をもって、私たちの心に冷気を呼び起こします。暑さ、寒さ、湿気、煙や霧、風、波、そのほか人びとの生活をかたちづくっている自然の力をめぐってあなたなりにイメージを膨らませましょう。

自然環境における強大な力を凝縮しているイメージを文章にしてみましょう。「それはあまりにも――だったから……」と書き始めてみてください。

季節の移ろいを、一連の感覚的印象の変化として表現してみることもできます。アンドリュー・コーシーは、トバ・バタックの木彫りと観光の関係について記した本の中で、スマトラ島のトバ湖に浮かぶサモシール島の雨季の到来を再現しています。彼はまず視覚的な描写を通じて、豪雨と水の途方もない力と速度を表現します。

私の家を囲んでいる排水溝から水があふれ出した。裏庭の小高い丘から流れてくる水を受け止め、排水する役目をそれはもう果たしていなかった。泥水が白い泡をたててわだかまり、やがて半透明の灰色になってあふれ出し、そうこうするうちに黒い水の塊となってどっとものすごい速さで渦巻きながら流れていった。

彼は次に音の変化に注意を向け、蛙のコーラスが雨の中からわき起こってくる様子を書きます。

今、厚く湿った空気は、できたばかりの池や黒ずんだ側溝の水の中にいる蛙たちのゲロゲロとかガーガーという鳴き声で満たされていた。雨が小降りになると、彼らのケロケロという甲高い鳴き声が他の夜の音たちをすっかりかき消してしまった。私が聞いているのは霧雨の向こうからやってくる継ぎ目のない両生類の和音なのか、それともただ自分の耳鳴りなのか、ときどき区別がつかなくなった。もうひと雨降ってきたとしても、それは彼らの鳴き声をくぐもった音にするばかりで、それを完全に消し去ってしまうことはなかった。このような霧雨の夜には村のほぼ全員がいそいそと眠りについた。なにしろ村中の水田や池から響いてくる絶え間のない蛙のビブラートのおかげで、テレビの音がろくすっぽ聞こえなくなってしまうからだ。

毎日のように降る雨は大気から匂いもきれいに洗い流します。コーシーが土を掘り、「深く湿気を吸い込んでみると、その湿気のずっと下層から、夏の日に洗濯機の中に長く入れっぱなしにしていた服のような匂いがかすかに感じられた」。降りつづく雨は人びとの日常生活も変えてしまいます。「日中はもの悲しく、人びとは傘をドアのそばに置き、家族はいつにもまして長い時間を家の中で一緒に過ごすのだった」。家族は家に閉じこもり、観光客もぐっと減ります。その分コーシーが地元の友人たちから観光客との交流について生き生きとした話を聞く時間もたっぷり得られるようになりました。

季節の変化を、複数の感覚を通して経験した変化として記述し、それが風景や人びとの日常生活やあなたのフィールドワークにどのような影響を与えたかを示してみましょう。

直喩や隠喩は具体的で説明的な描写を補完し、その場所の肌触りを伝えてくれます。フランスの人類学者ジャン・マリー・ジバルは、マリのニジェール・デルタ北東部に伝わるギンバル川の精霊信仰を調査しました。彼は序章で、アーチ型の幌をとりつけた黒い木製の細長いピローグでニジェール川をすべるように進み、干ばつと飢餓で傷ついた地域を通り過ぎたときのことを書いています。デボ湖のはてしなく広がる水域にさしかかると「水鳥たちの哀愁を帯びた鳴き声がする。カモメたちの声は、この場所にやってきた者にまるで海岸にいるような感覚を覚えさせる」。デボ湖は「内陸の小さな湖であると同時に精霊の偉大なる貯蔵庫である」。デボ湖から進んでいき、さらにいくつかの町と砂州を抜けると、

ニジェール川は広がり、やがてせまくなる。サヘルの乾燥地帯を横断しながら曲りくねり先へ延び、大地はしだいに岩盤を露出させはじめる。ときおり巨大な切り裂かれたシーツを思わせる明るい巻雲のベールが空を覆い、平原はその下にうずくまって、空のフィルターが川の水をグリーンに変色させている。ディレとトンブクトゥのあいだを流れる川の右岸にあるダンガの壁は、夕陽の焼けつくような色彩に染めあげられている。夕方、僕たちは、虫たちが力強く羽音を共鳴させている

湿った浅瀬に足を踏み入れる。沖のほうではカバたちの楽隊が夜を徹して自由解放の祝祭を催している。トランペットのような鳴き声、うめき声、開けたり閉じたりする両唇から放たれるやたら大きな、ぴちゃぴちゃという音があたりを隙間なく埋めつくし、地元の漁師たちを不機嫌にさせる。彼らは魚網のことが気が気でないのだ。

異なる経験の領域を互いに見事に接合しているジバルの文章から、メタファーの使用方法に関するインスピレーションを受け止めましょう。うずくまる平原、ベールに覆われる空、切り裂かれたシーツのような雲、夕焼けに染めあげられた壁、巨大で騒々しい動物たちの自由解放の祝祭。すべてが、湖の浜辺の情景をめぐる表現です。

異なる経験の領域に意識をめぐらせ、あなたの場所の描写に光を投げかけてくれるような手がかりを探ってみましょう。「――にいたとき、まるで……という感じがした」というプロンプトで書き始めてください。

文芸批評家のケネス・バークは「どんな思考も形成の基盤において、明示的ないし暗示的なメタファーをかならず必要とする」と述べています。エスノグラファーは自分の知覚に生気を吹きこんでくれるメタファーだけでなく、その場所で暮らしている人びとがたびたび口にするようなメタファーにも耳を澄ませることによって、自分の文章に深みを持たせることができます。

他者の知覚

ジーン・ブリッグスは、一九六〇年代に一緒に暮らしていたイヌイットの人びとが季節の変化の中で野外生活を心から楽しんでいる様子を描き出しています。

春、急流の雷鳴がとどろき、川が圧倒的な力で巨大な氷塊を持ち上げ、氷がぐらりと揺れ、水の中に落ちくだける力強さを語るとき、彼らの瞳は美しく輝く。九月、初氷が張ると、大人も子どもも笑い声をあげ、その黒いガラスの表面を滑走する。「冬が来たら君も遊べるよ」と彼らは私に言った。月明かりに照らされた川で元気いっぱい走りまわる鬼ごっこのことだ。そして男たちはじつに熱心に、いかにもぎこちない手つきで縫い針を動かし、ボロボロの犬ぞりのハーネスを修繕する。疾走する犬になりきって頭と肩を揺らし、これから出かける旅行のことを話し合う。また、カリブーの枝角から巻き上げ式のフィッシング・ジグを削り出し、それを手で上下に激しく動かして、釣りの動作を再現し、ジグを巻き上げているみたいに「アイヤヤ」とハミングし、ひとりで笑い声をあげる男もいる。「釣りってのはね、気持ち(キユヴィア)がいいものなんだ」と彼らは言う。春になり、風がやわらいでくると、そこにはどこまでも続く丘が姿を現し、「人を、遠くを見たいという気持ちに駆り立てるんだよ」。

変化する季節の表情に人は心を打たれ、そしてそこに関わり合いが生まれます。

四季を通じて個人が（あるいは人びとが）最も楽しみにしていることは何でしょうか？　そして、それはどのように語られるでしょうか？　そうした描写を重ねながら、場所を表現してみましょう。

人びとの知覚が、自然環境に宿る生気や神格化された力まで捉えているということがあります。いくら水が汚染されていても、インドの河川はヒンドゥー教徒にとってはどこまでも女神なのであって、その怒りを買わぬよう人びとは敬意を常々払っています。ジュリー・クルイックシャンクは、ユーコンの先住民がサンエリアス山脈の氷河のことを知覚を持つ存在であり、「壮大な力を持つ変身能力者(シェイプシフター)」と認識していると書き留めています。彼女の著書『氷河は耳を傾けているのか？』によると、アサパスカンとトリンギットたちの物語は氷河が人間にそっくりな性向を持っていることを説いています。

氷河たちは人間の存在を感じている。とくにすぐそばで肉を揚げていると、その料理の匂いによく反応する。また、人間がいい気になって氷河たちのことをからかったりすると、氷河たちはその声をたちどころに聞きつけ、腹を立てる。彼らはたとえば「月のような大きな目を持つ巨大なワーム」と描写されることもある。氷河には視覚が備わっているのかもしれない。

この物語に登場する氷河は人間を観察し人間とからみ合いながら、時に自ら激しい行動をとると考えられています。クルイックシャンクの本はこうしたユーコンの口頭伝承と、初期の探検家の記録と、そして近年の科学的説明を比較し、これらの異質な視点たちが地域の土地利用に関する論争をどのように形作っていったのかをくっきりと浮かび上がらせています。

あなたが書いている場所（氷河、川、丘、山、湖など）について、その力と意志が地元の人びとによってどのように知覚されているかを記述してみてください。

キース・バッソ同様に、クルイックシャンクが物語から風景についての教えを得ている一方で、遠く離れたインドネシアのカリマンタンでは、アナ・チンが一九八〇年代初頭に友人のマ・サラムから徒歩旅行中、「森を読む」方法（身につけると人間の存在の痕跡まで目に見えるようになる）の手ほどきを受けました。

メラトゥスの社会空間の歩き方を私が初めて知ったのはマ・サラムのおかげである。当初森の自然美にしか目を向けていなかった私に、彼は森を社会的に読むやり方を伝授した。古い焼畑の跡地から再生してきた二次林の明るい緑（クニン。「黄色」も含む）の葉と、四、五〇年かけて再生し、ゆっくりとその存在を示し始める成熟した森の濃い緑（ヒジャウ。「緑・青」）の葉を見わける方法をみっちり教えてくれたのだ。彼は、私ひとりではとても気づけなかった古い耕作地や居住跡を指さしながら指導した。そこでは、かつて誰かの田んぼの儀礼的な「目」（パマターン）を飾っていた赤いコレウスの葉が、腕くらいの太さの木々の中で五年かけて再生し、ふたたび繁茂している。昔窓から投げ捨てられた果物の種は、森が一〇歳にも達していないというのにすくすくと成長し、実をつけていた。

植物たちの色合い、種類、成長段階のすべてが、人間の営みを映し出していることに注意してください。この文章を読んだときケン・ジョージにはある記憶が鮮やかによみがえってきました。それは、友人のパパ・アティに連れられてスラウェシの山々にわけ入り、川の中に住んでいる精霊の声を聴く方法を教えてもらったときの光景でした。

✍ 風景の読み方や音の聞き分け方を人びとがあなたに教えている様子を描写してみましょう。

あなたの文章が歴史記録の一部になるということも念頭に入れておいてくださいね。引用文の中に出てくるすべての場所は、エスノグラファーたちがその文章を出版した当時とは様変わりしている可能性が高いです。

変貌した風景

一〇年後にカリマンタンを再訪したアナ・チンは、かつての森が伐採とプランテーション開発によって破壊されているのを目のあたりにしました。その後出版された『摩擦（Friction）』（二〇〇五年）の中で、彼女はカリマンタン南東部の山地森林帯を伐採道路に沿って歩いたときのことを記しています。

放棄された伐採道路は地球上で最も荒廃した場所のひとつになり果てていた。もとより、その道はどこにもつながっていなかった。もしあなたがそこを歩いているとしたら、それはあなたが道に迷っているか、不法侵入しているかのどちらか、あるいはその両方なのである。あなたが長靴を履いているなら、湿った粘土が靴にねばりつき、あなたの体力を削り取る。もしも長靴を履いていなければ、太陽と熱い泥が容赦なくあなたを痛めつける。あなたのすぐそばにある山肌はどこもかしこも地滑りを起こしている。その土砂は、蚊の繁殖地になっている、よどんだ溜まり水の中に崩れ落ちている。廃道はたちまちかたちを失い、あなたは侵食された渓谷に足を踏み入れたり、そこから出たりしなければならない。泥水の小さな流れの上をとびこえなくてはならない。そこにはかつて橋が架かっていた。でも今はぬかるんだ土壌や、むき出しになった根茎のまわりを這いまわっている蔓や、斜めに傾いて滑り落ちている木の幹のおかげで、水がせき止められてしまっている。しかし皮肉なことに、真実と美の場としての森林は他のどこよりも伐採道路からはっきりと見ることができる。なにしろそれは、下生えや樹冠、高層植物が美しく構成されている様子を、綺麗な切断面として開示している道路なのだ。

読者である「あなた」が、書き手である「私」と入れ替わったみたいに感じられることに気づきましたか？　読者はチンとダヤックの仲間たちとともに歩いているような感覚になっていきます。重く、熱く、湿った土と蚊の群れの中を歩く身体的な感覚を共有し、不快感や緊張が私たちの中に掻き立てられるのを切々と感じます。そして、ふと私たちの視界を上方に向けさせます。複数の層をなしている森の成長にも気づかせてくれています。

✍ ある場所を移動したときの感情や身体的な感覚を描写しましょう。

チンは続けて、生物の多様性に富む老齢樹の森が伐採されたこと、そしてそれが、「移住村（ブロックA、ブロックB、ブロックC）と、アブラヤシ、ゴム、パルプ・製紙用アカシアからなる数キロ四方の超巨大プランテーションに置き換えられた」ことを書いています。伐採された木の切り株の脇には低木やつる植物が生い茂り、そのあいだを縫う伐採道路はこの新しいフロンティアから資源を運び出すための朽ちた大動脈となっている。失われた森林、生物種、生活様式、そして新たな社会形態の出現を時系列に描写し、そこに森のことなら何でもよく知っている彼女の深い知識が注ぎ込まれ、私たち読者はその荒涼を切実に感じ取ることができます。環境破壊を目のあたりにすることはエスノグラファーにとって不可避の、苦痛をともなう経験です。それは同時に、この強欲的な時代を生きることに付きまとうありふれた経験にもなっています。

チェーホフはドゥイカ川のほとりに関する自分の観察と、彼よりわずか九年前、一八八一年にその川を訪れた動物学者による観察を対比させています。動物学者はドゥイカ川を囲んでいる巨大な古代の森と湿地帯を記録しているのに対し、チェーホフの前に広がっているのは、モスクワの市営運河を彼に思い起こさせるほどごっそりと川岸が削り取られた川でした。周囲の土地も舗装され、アレクサンドロフクと呼ばれる、だだっ広い集落になっていました。

今では、タイガや沼地や水路があった場所に町がつくられ、道路が整備され、牧草地やライ麦畑や菜園の緑が目に映り、はやくも森林資源の枯渇に対する不満の声が漏れ聞こえてくる。ここまでの土地改変を可能にした労働、腰まで水に浸かって汗水垂らしてはげんだ沼地での苦役におけるすさまじい悪戦苦闘。そしてそこに情け容赦なく降り注ぐ霜や冷たい雨、望郷の念や罵声、カンバ材での打擲。そういう壮絶な光景が脳裏をよぎる。

平和的で穏やかな農村の景色の中に、チェーホフは生態系の破壊を重ねています（彼自身、彼の物語や戯曲に登場する人物と同じくらい熱心な環境保護主義者であり、生涯にわたって数多くの木を植えました)。さらに、このような変貌の背後にある強制的な囚人労働の苦難を呼び起こしています。

✍ つい最近あなたが目にした場所をあなた自身または他の観察者によって描かれたかつての姿と対比してみてください。このふたつの時間をつないだとき、人びとの労働や、風景を形成する権力関係について何が見えてくるでしょうか。

ワイドアングルとクローズアップ

一九四八年にプエルトリコでフィールドワークを始めたシドニー・ミンツは機上から地上を見おろしたとき、南海岸の平原がサトウキビでできた「不規則なかたちの緑のリボン」のように見えたと書いています。企業城下町には製糖工場があり、「煙突が長い影を落として、掘っ立て小屋やサトウキビ畑を横切っている」。掘っ立て小屋は周囲の環境と調和し、こざっぱりとして感じが良さそうに見えます。「茅葺き屋根、風にそよぐヤシの木、海にほど近い土地」。これが上空からの眺めです。ミンツが形や色や模様などに注目しながらくっきりとしたイメージを喚起していることに注意を払いましょう。そして彼は目線を地表レベルに移します。

しかし村を歩けばそんな印象はすぐに消える。地面はがちがちに打ちかためられてほこりっぽく、ブリキ缶や紙、ココナツの果皮、サトウキビのごみなどが散らかっている。家々は古いコカ・コーラの看板や、荷箱からひきはがしてきた板きれや、ボール紙なんかでつぎはぎされている。ペンキが塗られている家はごくわずかだ。うわべの秩序は崩壊し、無秩序と混乱に取って代わられる。小さな区画に押し込まれた大家族たち。家の中は、天井まで届いていない間仕切りで二つあるいは三つあるいはそれ以上に仕切られている。料理は住居の裏の、いまにも崩れ落ちそうな差し掛け小屋でおこなわれる。そして家々は生い茂るサトウキビにすっぽりと取り囲まれている。

遠景撮影（ワイドアングル）からクローズアップへの移行は、概要（サマリー）的な遠望から細密なシーンへという、前述した物語の手法と呼応しています。ミンツはサトウキビやものものしい工場やそれらのまわりに密集している掘っ立て小屋について導入的に描き、読者に「サトウキビ労働者」であり彼の友人であるドン・タソの人生を形作った強力な歴史的・経済的諸力へと読み進めていけるよう心の準備をさせています。

✍ **あなたが最も興味を抱いている社会的な活動を考えてみてください。まず遠景から、次に間近の生活の場からその活動を描写することで、全体像をとらえてみましょう。**

ミンツは次に自分が調査をおこなった村、ポブラド・ジャウカについて書き進めます。朝五時の静けさ。ぴったりと閉められた窓。やがて村は眠りから覚め、食事や労働、社交などからなる多忙な一日が始まります。夜の九時には、給料日後の土曜日を別にすれば、村はふたたび静寂を迎える。彼はさらに平日と週末のリズム、収穫期とそのあとの停滞期、クリスマスとサトウキビの収穫再開までを、時の移ろいが感じられるように描写します。日々のサイクルに加え、もっと大きな歴史的な変化にも彼は触れます。場所というのは決して静止しているわけじゃない、私たちはそのことをあらためて思い知らされます。

✍ **あるひとつの場所における社会生活の対照的なイメージを、一日の異なる時間帯、異なる季節、異なる歴史的時代に分けながら提示してみましょう。**

ワイドアングルとクローズアップの手法は、室内の構成や配置を見渡すときにも有効な手法です。以下はチェーホフがサハリンのアレクサンドロフスク重労働刑務所の牢屋に入っていく場面です。彼は屋外であたりを見回し、刑務所の庭は清潔に保たれていると書く。それから牢屋に入ります。その瞬間彼は「広々としている」と感じます。

窓は開け放たれ、室内には明るい光が射していた。暗色の壁は塗装されておらず、ひび割れていて、丸太の隙間にはオークモスが詰められていた。白いものといえばタイル張りのダッチストーブだけだった。床は木でできていた。塗装されておらず、床板がすっかりむき出しになっていた。牢屋の中央には、両端に傾斜をつけたひと続きのベッドボードが隙間なく長々とのびていた。囚人たちは二列になり、頭と頭を向き合わせてボードの上に寝るのだ。囚人たちの寝場所には数字が割り振られているわけではなく、したがって互いのあいだに境界線もなく、それゆえこのベッドボードには七〇人から一七〇人くらいまで寝かせることができるわけだ。

チェーホフは、室内の全体的な輪郭とその目的をてきぱきと素描し、事実をひとつひとつ淡々と述べたあと、間をおかずに、この場所が囚人にとっていかに劣悪で過密で混沌としているかを語り始めます。

寝具なんてものは存在しないのだ。彼らは固いボードの上で寝るか、破れた袋や自分の衣服や見るのもおぞましいようなボロ布を手あたりしだいかき集め、それを体の下に敷いて寝る。ベッドボードの上には帽子やブーツやパンのかけら、紙や古布で栓をしているからっぽの牛乳瓶、靴の木型などが乗せられ、ボードの下にはトランクや汚れた袋、風呂敷や工具やはぎれなどが置かれている。丸々と太った猫がけだるそうにボードのまわりを歩いている。壁には服や鍋や工具が掛けられていて、棚にはティーポットやパンやなんだかよくわからない箱なんかが置いてある。

チェーホフは観察事実を書き進め、整理整頓されているという第一印象をものの見事にくつがえしてみせています。物を描写し、その空間での暮らしぶりをありありと伝えている。のそのそ歩く太った猫というのは、チェーホフらしい描写です。一見無関係な、いやそれどころか描写の基調と対立しているようにさえ見えるディテール。ところがまさにそのミスマッチによって、生きものたちの世界という感覚が高められています。でっぷり太った猫というのは、カオスの中をちょろちょろ駆けまわるネズミの存在をそれとなくほのめかしながら、囚人たちの深い思いやりのようなものを示唆しているように私には感じられます。

✍ **まず空間のレイアウトに注目し、それから、その空間に暮らしている人びとの生活について何かしら示唆的な「もの」に焦点を合わせながら、部屋を描写してみてください。なんだか場違いに思える小さな事実はありませんか？　それはあなたにいったい何を伝えているでしょうか？**

チェーホフは続けてアレクサンドロフスクのバラックの悪臭について書き連ねます。医者である彼は、それが硫化水素やアンモニアの臭いとよく似ていることに気づきます。まず彼はその臭いを人びとの生活に結びつけます。囚人たちは湿った服を着て、汚れた靴を履き、仕事から戻ってきます。服を掛けます。ほかの服は重ねます。間に合わせのマットレスとして使うためです。

羊の毛皮のコートは羊肉の臭いがしている。履物は革とタールの臭いがする。下着は体液が染み込んでぐっしょりと濡れ、洗いもしない。ただ古い袋や白カビの生えた布切れの山の中にぽいと投げ入れられる。靴下は窒息しそうなくらい強烈な汗の臭いがする。不潔な体にはシラミがたかり、腹はガスでぽっこりと鼓腸している。安物のタバコを常習している。パン、肉、干し魚(慣れた手つきで彼自身が刑務所でこしらえている塩漬けだ)、食べ物のかすやかけら、骨、食べ残しのシチー(野菜スープ)などがすべて飯盒の中に放り込まれている。寝台の上で南京虫を指でつぶす。これらいっさいが刑務所の空気をじめじめと重いものにし、すえたような臭いにしている。

ここで注目してほしいのは、チェーホフが事実を掘り下げながら、悪臭の原因を淡々と書き並べている点です。羊の毛皮、革、タール、汚れた下着、古い布切れ、汗をたっぷり吸った靴下、垢まみれの身体、安物のタバコ、おなら、パン、肉、塩魚、シチー(野菜スープ)、虫。臭いのリストです。囚人たちが強いられていた生活条件――肉体労働、入浴なし、ボロ布の着用、粗末で単調な食事――を、それは私たちにありありと伝えています。

場所に漂っている空気の質を記述してみましょう。

苦痛に満ちた場所

チェーホフは、サハリン島に出向く数年前、アルコール依存症の兄に宛てた、手厳しい苦言をつづった手紙の中で、まともな人間なら「他人（乞食や猫も含めて）に対して思いやりを持っているものだし、そういう人たちの心は、肉眼では見えないものから痛みを感じ取るのだ」と述べています。彼はその例として、アルコール依存症の息子を案じるあまり白髪になり、眠れぬ夜を送っている老夫婦のことを書いています（暗に自分の両親を指していると思われます）。人びとの苦しみの源に想像力を働かせることを兄に強く求めるみたいに。ところで、この《ひと目見ただけではっきりと見て取れるものの向こうにあるものを想像しよう》というメッセージは、社会的に隠され、直視すれば苦痛を覚えないではいられない場所——サハリン島のような——を記述することの重要性を我々に思い起こさせないわけにはいきません。

フィリップ・ブルゴアとジェフ・ションバーグは、サンフランシスコのホームレスのヘロイン使用者の生活を描き、高速道路の下のV字型エリアなど、繁栄する都市の隠れた場所に読者を導きます。彼らの本はションバーグのフィールドノートの記述から始まっています。ラッシュアワーによって上下線とも大渋滞している中、出口ランプを横切り「射撃場」に向かうふたりの男を彼は追います。

> 空き地の奥には廃棄された金属製の発電機がある。斜めに向かい合う三本の鉄筋コンクリートの塔は耐震補強されていて、頭上の二層式（ダブルデッカー）の高速道路を支え、そして行き交う車の視線から我々を守ってくれている。フェリックスが「足もとに気をつけて」と言ったとき、私の足は何か柔かなものの中にずぼっと沈む。今では私は以前より慎重に歩を運ぶようになった。というのも、フリーウェイの設計者が選りすぐった、車の排気ガスにも枯れない頑強な植物に滋養を供給する人糞の山を避

けるためだ。地面には、空になった水のペットボトル、キャンディの包み紙、空の強化ガラスの瓶、真ん中のところでねじれた茶色い紙袋、錆びた金属製のベッドフレームの破片、古着が詰め込まれた破れたスーツケースが散らばっている。発電機の裏には、牛乳ケースがあり、その上にゆがんだベニヤ板が置かれ、板の上では水が半分入った発泡スチロールのカップとつぶれたコーラ缶の下半分が準備万端、いつでも使えるように待ち受けている。

フランクとフェリックスはまってましたとばかりベニヤ板のテーブルの上に身を乗り出し、四分の一グラムのメキシコ産ブラックタールヘロインの「バッグ」を「キメる」準備に取りかかる……

人目につかない空間の内部でおこなわれている「キメる」行為のひとつひとつを、彼の叙述は浮かび上がらせていきます。本書はこうした描写に、インタビューからの気のきいた抜粋や数多くの写真を組み合わせ、対象者の日常生活の細部を余すことなく記録し、人びとの生活を成形してきた、巨大な構造の中に埋め込まれている暴力と不平等をもあぶり出していきます。

文字どおりの意味で隠れている、あるいは比喩的に隠れている場所を描写してください。多くの人が無視したり、見て見ぬふりをするような場所のことです。

歴史的にみて、エスノグラファーははっきり目立つもの、典型的なもの、日常的な行動に引き寄せられてきました。しかし、より周縁的なもの、ひどく破壊的なものに目を向けることはエスノグラフィーという冒険に道徳的な力を与えます。チェーホフはバガボンド・プロホロフ、別名マイリニコフと呼ばれる男が縛りつけられ九〇回の鞭打ちを受けるという、残酷な刑罰の場面をあえて観察しました（そのせいでのちにチェーホフは悪夢に付きまとわれることになります）。

一九八四年にインディラ・ガンディーがシク教徒のボディガードに殺害されたあとに生じた凄惨な反シク暴動の余波がいまだ絶えない中、ヴィーナ・ダスはデリーの住宅地を訪れました。彼女はそのときのことを述懐します。ダスは、悲嘆に暮れる女性たちが街路を《いかなる犯罪行為も否認する当局に対する反駁の物語（カウンターストーリー）を公然と演じることができる舞台》に作り変えたことを示します。彼女は「壁に飛び散った血、弾痕、いまだ髪の毛や頭蓋骨、骨のかけらが出てくる灰の山」を詳しく書き記します。ある女性のこの場所についての証言。

あの連中は私たちに、片づけろ、家に入れ、落ち着けと言ったのよ。いったいどうやったらこんなところで落ち着けるわけ？　あの灰の山が見える？　血も見える？　この灰の中に手を入れてごらん、どろどろに溶けた頭蓋骨に触れるから。彼らは私たちに遺体を渡すことさえ拒んだ。私たちは彼らに懇願した。「あなたたちは私たちの男たちを殺したのよ。せめて遺体だけでも、ちゃんと弔わせてくれ」って。夜になると死者たちの声がするの。それは一晩中止むことはないわ。夫が水をくれと言っている声が私には聞こえる。あいつらは、私たちが死にかけている人間に水を飲ませてやることすら禁じたのよ。息子はね、母さん、母さんと泣いていたわ、赤ちゃんだった頃の声で。

だけど私はろくに息子のところに近づくことすらできなかった。今ではこの街路は私たちにとって火葬場になってしまった。生きている人は物言わぬ影になり、死者の叫び声は空へ舞い上がり、重しのように私たちの上に降りかかってくる。

そして、この街路は死者を追悼する場所となりました。女性たちは体を洗うことも、この場所を片づけることも、料理などの日常生活を再開することも拒否しました。

✍ **天変地異や政治的動乱の被害を受けた場所のことを記述しましょう。直接観察、口述証言、印刷物、写真をもとにして書いてください。**

テクストたちが出会う場所

たぶん私が建築家に囲まれて育ったせいだと思うのですが、文章は作家が読者を招き入れる場所のように私には感じられます。私は戸口に立ち、「ようこそ」と言う。章（つまりは部屋）や窓からの景色を見せ、隠された秘密が暗示されているクローゼットに案内します。『サハリン島』には、迷路のような廊下、大小さまざまな部屋、仕掛け扉、陰気な地下室、煙を吹き上げる煙突なんかが登場してきて、まるでどこかを歩き回っているような質感があります。あえて入りくんだつくりにして、帝政ロシア当局の検閲をすり抜けようとしているみたいな感じがします。

チェーホフは、ヨーロッパ旅行、短編・中編小説の執筆、両親と兄弟の住まいの地方への移動、飢餓の救援活動、コレラの流行との攻防、国勢調査のサポートなどで多忙を極めた数年間に、その合間を縫うようにして『サハリン島』の資料部分を書き上げました。短編や戯曲の創作には手慣れているチェーホフでしたが、ノンフィクションという厳しい制約の中で文章を書くことには強いストレスを感じないではいられませんでした。彼は友人のスヴォーリンに「たった一行かそこらのくだらない文章のために一時間も紙切れをひっかきまわさなければならないんだ」と愚痴をこぼしていました。

この二、三年ほど前、兄のアレクサンドルに書いた手紙の中でチェーホフは短編小説のキー・ポイントを並べています。

（1）政治的・社会的・経済的な長ったらしい冗語がないこと
（2）完全な客観性
（3）人物や物に関する偽りのない描写
（4）究極の簡潔性
（5）大胆さと独創性：固定観念から逃れること
（6）親切心

『サハリン島』そして一般的なエスノグラフィーの執筆を念頭に置きながら、六つのポイントについて私はあらためて新しい角度から考えてみました。第一に、エスノグラファーは人びとの生活の舞台となっている大きなパターン、構造、プロセス、不平等を探求しますが、チェーホフも彼らと同じように、『サハリン島』において、具体的な記述のまわりに「政治的・社会的・経済的」説明をちりばめています。それが「長ったらしい冗語」に相当するかどうかは議論の余地がありますが。第二に、「完全な客観性」――彼は別の書簡において、作家は価値判断することなくつぶさに生活を観察し、あるがままに書かなくてはならない、と平明に説明しています――を求める彼の主張は皮肉にも逆さまにひっくり返されています。むしろ、チェーホフはサハリンに住む人びとの描写において、現代のエスノグラファーを驚かせるほどの率直さをもって価値判断を下し、辛辣な意見を述べています。第三に、いくら彼が偽りのない描写を心がけているように見えても、彼の文章には、いささか時代遅れのレンズ越しに世界を見ているみたいなバイアスが顔をのぞかせています（この点については、次の章でもう少し詳しく述べましょう）。第四に、彼はおびただしい数の冷厳な事実を織り込み、膨大な量の文書として書き表すことによって自らの怒りの根拠を並べ立て、その結果、簡潔さが損なわれています。徹底的に無駄を削ぎ落とした彼の短編作品とはえらく対照的です。第五、第六に、チェーホフは他の著作と同じようにここでもまた、あらゆるジャンルの作家が手に入れたいと心から願っている、永続的な独創性に関わる基準――つまり、固定観念を打ち破り、人びとの境遇に対する思いやりにつらぬかれた、異質で大胆な書きっぷり――をしっかりと保っています。

『サハリン島』のうち一九の章は一八九三年と一八九四年に『ロシア思想』誌に連載されました。一八九五年に出版された完成版には、チェーホフは本が回収されるリスクを冒して、帝政ロシア当局の検閲を通していない、鋭く批判的な四つの章を追加しました。手厳しい批判性にもかかわらず、自分の見たものを冷静に描写し、さらに定量的なデータで武装することでチェーホフは検閲の手を免れました。当時『サハリン島』は広く読まれ、限定的ではあったけれど改革のたしかな動きを呼び起こしました。流刑地に学校と図書館が建てられ、チェーホフ自身が主導し何千冊にも及ぶ図書が寄贈されました。公式の委員会がサハリンに派遣され、調査が実施され、改革が始まりました（ただし日露戦争のあと一九〇五年に島の南部は日本に返還されました）。チェーホフは、出版された本をモスクワ大学の医学部に学位論文として提出できないかその可能性を探りました。そうした働きかけが実を結ぶことはありませんでした。でもチェーホフの死後、モスクワ大学の教授から『サハリン島』は「我々が念願している民族医学系の学部が開設されたあかつきにはそのモデルになるような研究だと思います」と評価を受けることになりました。

チェーホフは小説や戯曲の中でサハリンやシベリアについて直接的にはほとんど何も書いていません（例外として『殺人』や『流刑地』といった力強い物語を挙げることができます）。けれども、サハリンでの国勢調査の過程で得た、多様な背景を持つ何千人もの人びととの交流は、彼の物語の広がりと深みに確実に力添えしています。サハリン島の刑務所のバラックの臭いの描写を胸に刻んだあと、精神病患者用の病棟を舞台にした『六号病棟』の胸を打つ物語を読めば、その類似性に気づかないわけにいきません。外には「マットレス、着古されてあちこち破れたガウンやズボンやブルーのストライプのシャツ、履きつぶされた靴――これらのボロが山積みになっており、しわくちゃでからまり合って息がつまるほどの腐臭を放っている」――室内では「キャベツのピクルスと炭化した灯心と南京虫とアンモニアの臭いがしている……」。チェーホフがこの物語を書いたのは一八九二年です。当然と言えば当然なのですが、そのときちょうど彼は『サハリン島』を執筆していました。

数年後サンクトペテルブルクで政治活動をしていた学生がサハリンで十年の刑に処されたとき、学生の兄がチェーホフに助けを求める手紙を出しました。チェーホフはこの兄、ダヴィド・マヌチャロフに、もうサハリンに知り合いはいないがペテルブルクの知り合いを通じて何かできることがないか探ってみますと返事を書きました。チェーホフは政治犯とふたりきりで会うことは禁じられていることを説明し、彼らの置かれた状況について自分が知っていることはほんのわずかだけど、すべての情報をあなたと共有しますと伝えました。またチェーホフは、弟のためにサハリンで仕事を探すべきかどうかと考えあぐねているマヌチャロフに、作業場主任の仕事に応募する方法を助言しました。チェーホフはマヌチャロフに宛てた最初の手紙で、かならずしも住む場所が人柄を決定するものではありません、そのことを私はあの土地で学びました、と述べ、自分が観察した事実を書き、文章を締めくくっています。

弟さんを安心させてあげてください。サハリンにも、すすんで支援の手を差し伸べ、助言を与えてくれる良い人たちがいるとお伝えください。

心からの祈りを込めて。いつでもお手伝いする所存です。

敬具

A・チェーホフ

＊＊＊＊＊＊＊＊＊＊＊

場所

あなたが描写したいと思っている出来事の舞台を設定してみましょう。そのさいどんな順序でもかまいませんから季節、地名、風景、建築物、そして（該当する場合は）室内のようすについて少なくともさらりと触れましょう。五感をフルに働かせてください。（二ページ）

3 人

『チェーホフを読む――批評の旅』の中でジャネット・マルコムは述べています。「ロシアに行くとわかるが、そこではわが国と同様、いや、それ以上に、チェーホフには人をうっとりと敬虔な気持ちにさせる何かがある。チェーホフという名前を口にした途端、人びとはまるでうまれたての鹿の子どもが部屋に入ってきたかのような顔つきになる」

私は最初にこのマルコムの素敵な本の一節を読んだとき、思わずほほ笑みました。そして二回目に読んだときには、すっかりチェーホフの魔法にかかっていた私はこの文章にしっかりとアンダーラインを引きました。そしてふと立ち止まり、チェーホフという名前にまつわる強力なオーラの中に渦巻く力を自分の目で見きわめようとしました。信仰心とまではいかなくとも、抗しがたい求心性がそこにはありました。数年前インド北西部のカングラでチェーホフの名前と初めて出会ったときのことを思い出しました。私より数歳年下の、それでもこの地域における平均的な結婚適齢期をとうの昔に過ぎている、明るくて元気な村の少女が家の中庭で、チェーホフの名前をそのとき口にしました。彼女は、仕立屋が服を包むのに使っていた古新聞や古雑誌の束の中に、すでに廃刊になった、ヒンディー語で書かれたソ連の出版物を見つけました。チェーホフの翻訳作品を読み、強く感動し、『ソビエト・ナリ（ソビエト・ウーマン）』という雑誌で独学でロシア語の勉強を始めました。彼女はチェーホフの名をまるで大切な祈りの言葉を唱えるみたいにそっと口にしました。あたかもその名前は、想像力を大きな可能性に向かって力強く解き放ってくれる呪文か何かのように。なにしろ、チェーホフはマルコムが指摘しているように、なんでもないリアリズムを描いているように見え、それでいてしばしば、人生における超現実的で夢のような瞬間を可視化してくれる作家なのですから。

読者たちが時空を超え、まるで彼に直接的かつ個人的に語りかけられているかのような心持ちになり、彼に引き寄せられるのは、部分的には、作品の登場人物の切実な思いに対して共感が働いているからでしょう。きっとそうだと思います。でも、伝記、文学批評、旅行記を織り交ぜながらマルコムがじつに鮮やかに示しているように、人びとがチェーホフに共鳴するのはなぜかというと、彼の想像的創造物のおかげということはもちろんあるけれど、それと同時に彼がどんな人物であったかという知識もそこにはずいぶん大きく関わっているように私には思えます。

私たちはチェーホフ自身の著作や、どこまでも水際を広げながら流れていく川のようにつぎつぎと生み出されるチェーホフに関するさまざまな文献の中にチェーホフの姿を垣間見ることができます。こうした文献を調べているうち、私はチェーホフの仲間たちの報告に釘づけになりました。チェーホフとおしゃべりをし、病気で衰弱していく彼を見守り、頭を後ろに振って鼻眼鏡をはねとばして笑う彼と一緒になって笑った人たちの経験談に。チェーホフの死後、とくに一九一七年のロシア革命の大混乱のあと、彼の親族、友人、作家仲間（その中には亡命中の人もいました）の手によってチェーホフに関する回想録(メモワール)が書かれました。メモワールの多くは哀愁と郷愁を含んだ語り口で書かれています。でも、そこに浮かび上がってくるチェーホフの生き生きとした姿に私ははっと目を見張りました。この章では、人物描写の技を提案するにあたり、チェーホフの描写に加え、私がメモワールやエスノグラフィーの中で出会った忘れがたい数人の人物の描写を取り上げてみようと思います。

どんな表現形式を選ぼうとも、他者の描写はたいへんです。記述が率直すぎると、外見や態度や人間関係や生い立ちなどの触れられたくない部分に立ち入ってしまいかねません。相手の心を傷つけるだけでなく、もっと悪い方向にいくと、何らかの損害を与えしまうことだってあるかもしれない。写真は言葉抜きで細部を鮮明に伝えることができる一方、写真写りがかんばしくない場合なんかには被写体との緊張を引き起こしかねません。キャプションがまったくあたりさわりのない文言で記されている場合でも、写真のせいで身元が明らかになってしまうかもしれない。人を対象とした研究倫理指針が仮名の使用を義務づけている場合でも、その人の個人的な特性に言及すると、個人の特定ができないようにと払われた誠実な努力が台無しになりかねない。合成的な人物を創作することで対象者を保護することもできますが、その場合ほんとうに当人が現実の社会で生きているように細心の注意を払って描き出す力量が求められます。たとえその合成的な人物が架空のこしらえものとして登場するにしてもです。これらの問題を解決してくれる一般的な方法はありません。新たに作品の構想を立ち上げるたびに、あなたは常に一人一人の人物ごとに人物表現の問題をあらためて問い直さなければなりません。

あなたのエスノグラフィーにはたくさんの人が関わっていると思います。E・M・フォースターが言うように、複雑で驚くほど「立体的な」キャラクターがいて、その背景にいささか「平面的な」脇役たちが控えているのではないでしょうか。ここで私は「立体的な」人物描写のほうに焦点を合わせます。でも大胆な言葉やディテールを用いることで背景の登場人物たちも印象的に描けることをお忘れなく。登場させたい人物をリストアップしておくことで、誰を最も目立つ位置に据えるか整理しやすくなります（仮名使用の際もリストは有用です）。

✍ **あなたが書きたいと思っている人物のリストを作り、それぞれの名前のあとに一～二行の説明をつけてみてください。**

人物リストはエスノグラフィーを書き進めるにつれて短くなっていくかもしれませんし、あるいは長くなっていくかもしれません。多くの人物が登場するエスノグラフィーには、演劇の台本の冒頭に掲載されている配役表みたいに、登場人物のリストとその役柄や人間関係の簡単な説明文が時々添えられています。自分の本の中にそういう特別なパートを作らないにしても、リストを眺めながら、登場人物の人生のとくにどの部分が書くに値するのかを自分自身に問いかけてください。

類型と個人

多くの社会科学的な文章は人びとを社会的なカテゴリーや類型に分類しますが、小説やクリエイティブ・ノンフィクションはたいていの場合、特定の個人や人びとの個人的な関心の動きを追っていきます。エスノグラフィーはふたつの視点を状況に応じ、さまざまに混ぜ合わせます。トロブリアンド人、ティコピア人、アザンデ人などの民族集団について書かれた最も一般的なエスノグラフィーでも、逸話という形式をまじえながら特定の個人に光をあてています。一方、ライフヒストリー——自伝と伝記を混ぜたようなエスノグラフィーのことで、多くの場合ひとりの人物に焦点を合わせる——はふつう個人の物語を共通の経験のパターンに言及することで一人ひとりを位置づけていきます。エスノグラフィーを通じて、私は人びと（私自身を含めて）が大きな共有構造の制約の中で生きていること、そしてその制約の中で、あるいは制約を回避しながら、ときに積極的に構造を変革しながら生きていることを知りました。それと同時に私は今も、個人の独特なあり方を活写する方法を探し続けています。

チェーホフがサハリンのことを書いたとき、彼は、個人を類型の中に包括して理解するという当時の民族学の慣習に部分的に従っていました。とくに植民地支配下にあった先住民のギリヤーク人やアイヌ人について描いている部分では、先行作家たちが使った簡略的な記述作法にならって「典型的な」身体的特徴、服装、性格、社会組織の諸形式を列挙しています。個人に焦点を合わせたときには——たとえば自分に興味を持ち近づいてきたふたりのギリヤーク人との会話を記述しているところなど——皮肉めいた口調は影をひそめます。しかし、短い出会いにありがちなことですが、彼には人びと自身の感覚を内側からつかみとることができていません。一方、なじみのあるロシア本土出身の受刑者や入植者の男女については、一般化の弊害もところどころ散見されますが、一人一人の具体的な深部をすくいあげているように見受けられます。さらに、彼が誰かとじっくりと話をするとき、彼の共感と細部への目配りはその人物を生き生きとページの上で躍動させます。例を挙げましょう。以下は、川の両岸を結ぶ渡し舟の役割を果たした四角い箱を操る受刑者「クラシーヴィ」（姓は不詳）に関する描写です。

彼はすでに七一歳になっていた。ハンチバックで肩甲骨が飛び出し、肋骨の一本が折れ、親指が一本欠けていて、昔鞭などで殴打されてできた傷痕が全身をくまなくおおっていた。白髪ではないけれど、髪はすっかり色が抜けてしまっているように見えた。目は青く輝き、幸福そうで人のよさそうな表情を浮かべていた。彼はボロボロの服を着て、裸足だった。

クラシーヴィはチェーホフに、自分がどうしてこのような境遇に陥ったかを話して聞かせます。帝国ロシア軍から脱走したためにシベリア送りの懲罰を言い渡され、そこでもふたたび逃げ出したんだよ、と。二二年の歳月が流れたが、彼は常々命令に従い、自分なりの哲学をつらぬくことによって何とか平穏な暮らしを守り抜いてきました。「真実を語り神の怒りに触れないこと、それが良き人生だ。主よ、なんじに栄光あれ」

ここで示されているような詳細な記述は、人びととの長期間の共同生活や人びととの母語での対話がエスノグラフィーにはなぜ重要なのか、その理由を私たちに思い起こさせます。ところで、プロジェクトの実施期間を超え、人びとと深く関わる長い時間を共有したとき、その経験から私たちは他者についてどんな洞察を手にするのでしょう？　たとえばメモワールなどはおおむね数年にわたる――あるいは一生涯にわたる――非公式な参与観察の上に成り立っていたりします。

ポール・オースターが父親について書いた『見えない人間の肖像』を読んだとき、エスノグラフィーはメモワールから何を学べるのだろうかと私は考えました。オースターは父親の突然の死の数週間後に父の思い出を書き留め始めました。父親の遺品を整理しながら彼は記憶も整理します。オースターは断片的なイメージをひとつひとつ積み重ねることで父親の姿を浮かび上がらせます。記憶とは「それぞれが一瞬だけよみがえり、それがなければ失われてしまう瞬間のことだ」と彼は書いています。彼は、父親の歩き方や食事の仕方、車の匂い、そして一緒に過ごした特定の瞬間をよみがえらせます。そして詩のように力強く響くリストが導き出されます。


彼の手の大きさ。手のひらのたこ。

ホットチョコレートの表面の皮を食べること。

レモン入りの紅茶。

家のあちこちで見かける角縁の黒い眼鏡――キッチンカウンター、テーブルの上、バスルームのシンクの端など――いつだって開いたまま置きっぱなし。奇妙な新種の動物みたい。

テニスをしている彼。

ときおり膝ががくがくしていた足どり。

彼の顔。
エイブラハム・リンカーンに似ているとしょっちゅう人に言われていたこと。
犬を怖がらないこと。
彼の顔。ふたたび、彼の顔。
熱帯魚。

オースターのリストは私に、エスノグラフィーの文章教室やメモワールのワークショップで使うことになるプロンプトのアイデアをそっと教えてくれました。

✍ あなたの作品の中心人物に焦点を合わせ、オースターのリズミックな文章をお手本にしてその人物描写を始めましょう。オースターのストラクチャーをなぞってみるのもいいでしょう（カテゴリーとして抽象化したリストを下に示しておきます）。あるいは書きやすい順序で即興的に書いていくのもいいですね。

ぱっと目につく身体的なディテール
ちょっと風変わりな習慣
その人ならではの食べ物や飲み物

その人となじみ深い「もの」
あなたの目に映ったその人物の行動
その人の動作
印象に残っている顔の造作
もしあれば、類似物
相互行為の中で浮かび上がってくる特徴
趣味や楽しみ

学生やワークショップの参加者は、身近な家族や親友のこと、ルームメイト、恋人、さらにはこれまでのフィールドワークで知り合った人たちのことを、さらさらと軽快に書いていきます。私が見るところ、このエクササイズをおこなうと、作品の中心人物に対するえも言われぬ感情がむくむくと湧き立ってくるようです。リストを声に出して読み上げるとき、思わず書き手の声が詰まってしまうことがあります。参加者が登場人物を紹介し始めると、その場にいる人の数が倍に膨れあがったみたいに感じられます。描写された人びとの個性的な一面だけでなく、観察者自身の独特な感性もくっきりと浮き上がってきます。

チェーホフの友人や親族や作家仲間たちの回想が、私の中に浮かび上がらせたチェーホフの姿はこんな感じです。

右目の虹彩が左目より明るい。
熱心に耳を傾け、指であごひげをいじっている。
処方された薬、服用した薬、飼い犬キニーネとブロムカリの名前の由来である薬。
後年あごを持ち上げるようにして覗いていた、リムがワイヤーになっている鼻眼鏡。
苦しげに咳きこむ姿。
ふとした瞬間に見せる微笑。
濃い栗色の髪は額からきれいに後ろになでつけられている。
白黒写真に写る、さっそうとした姿と、しだいに衰えていく姿。
女性のファンたちに対する謎めいた、とらえどころのない言動。
笑える話。

次に個人と集団の反照関係を明らかにするために、細部から全体へ視点を切り替えてみましょう。

その人物を「類型」にあてはめ、思いつくかぎりいちばん抽象的な描写をしてみましょう。あなたの作品にとって最も興味深いカテゴリーに焦点を合わせ、その人物がどのようにそのカテゴリーに合致するか、またそのカテゴリーからどのようにはみ出しているか、その両面を示しましょう。

ワークショップで学生たちと一緒に書いた私の自由記述はこんなふうに始まります。「アントン・パブロヴィッチ・チェーホフは一九世紀ロシアの偉大な作家のひとりである。彼は二〇世紀の最初のわずかな年月を生き抜いた末、一九〇四年に死んだ。分厚い本をものしてきた他のロシア人の大作家たちと違い、チェーホフの小説作品の大半は短編から中編の枠内にとどまっていた……」

身体を持つ人

おおむね私たちは他者を、まず身体的な存在として知覚します。チェーホフの友人レヴィタンに師事していた画家のK・コロヴィンは、一八八三年にモスクワでチェーホフと出会ったときのことを次のように書いています。その当時ふたりとも学生で、チェーホフは二三歳でした。

アントン・パブロヴィッチの部屋はタバコの煙がたちこめ、テーブルの上にはサモワールが置かれていた。小さなパンやソーセージ、ビールもあった。寝椅子の上に紙と大学ノートが所狭しと広げられていた。アントンは大学の医学の最終試験を控えていた。

彼はその寝椅子の端に腰掛けていた。当時多くの学生が着ていたグレーのジャケットを着ていた。部屋にはほかに数人の若い学生がいた。

彼らは紅茶やビールを飲み、ソーセージをかじりながら熱っぽく議論していた。アントン・パブロヴィッチは無言で座っていた。尋ねられた質問にときどき返事をするだけだった。

彼は明るくさっぱりした顔に優しげな笑みを浮かべていた。瞳が印象的なハンサムな人だった。誰かと会話するときには、ときたま相手の顔を覗き込み、それからすぐに目を伏せ、ささやかな笑みを浮かべた。

チェーホフはすでに数年前から「アントーシャ・チェホンテ」を名乗って、新聞や雑誌に短編やユーモア作品を寄稿し、大学の奨学金の足しにしていました。部屋の中でいろんな書類やノート、グレーのジャケット、仲間たち、飲食の習慣といった事物に囲まれ、彼が学生であると描写されていることに注目してください。

✍ その人物の第一印象について記述してください。調度品、外見、服装、習慣、相互行為に目を向け、社会集団と照らし合わせながらその人物を物理的に位置づけてみましょう。

当然のことですけれども、ある人物を何らかの状況の中に置き具体的に描くとき、あなたが使うカテゴリーは、ご自身の視点だとか、つまびらかにしようとしている人生の軌跡に応じて自在に変化します。たとえばチェーホフの場合について言うと、学生としてだけでなく医者や作家や劇作家という容れ物を使ってあらわすことができます。彼の家族の系譜や階級的な背景の中に位置づけることもできます。あるいは彼が長く暮らした土地の中に位置づけることもできます。故郷のタガンログ、モスクワ、モスクワ郊外のメリホヴォ、結核を患ってモスクワでの生活が困難になったときに家を建てた、黒海に面した南部地域の保養地ヤルタなんかに。さらに彼自身が描いた場所と結びつけることもできると思います。たとえばサハリンに。

モスクワ芸術座の看板女優オリガ・クニッペルのチェーホフに対する第一印象は、それとは異なっていました。クニッペルがチェーホフと交流を持っていたのは、彼がすでに文学者として名を成していた晩年の六年間だけで、のちに彼女が回想するように、それは彼が「健康面においては衰えていき、精神面においてはますます強靭になっていった」時期にあたります。ふたりの初めての出会いは一八九八年、なにかと論争の的になった戯曲『かもめ』(この章の後半でふたたび取り上げます)のリハーサルのために彼が劇団まで足を運んだときのことでした。クニッペルの回想によると、役者たちはチェーホフに会えるということで気持ちがたかぶり、そわそわしていたと言います。チェーホフがあらわれると――一五年前コロヴィンが述べているように、あごひげと眼鏡のせいで彼の爽やかな顔立ちは見る影もなかったそうです――彼らは言葉に窮してしまいます。

そして彼は微笑みながら落ち着いた感じで、少し恥ずかしそうに私たちを見て、うっすらとしたあごひげをひっぱり、指先や手で鼻眼鏡にさわり、唐突に『アンティゴネー』の上演のために用意されていたアンティークの壷をしげしげと眺め始めました。

質問されても、彼から返ってくるのは意外な、いささか的はずれな答えであり、最初それは本気とも冗談ともつきませんでした。ところが、いかにも思いつきをただ口にしただけというような言葉が、次の瞬間には人の心を奥底までつらぬき、その登場人物の本質が彼のさりげないひと言に照らし出されて、鮮やかに浮かび上がってくるのでした。

これからヤルタに戻ろうとしているとき、チェーホフは『かもめ』とは別の劇の中で、女優クニッペルの演技を目にしました。そしてそのときの彼女の姿が彼の中に鮮明に焼きつけられました。スヴォーリンに宛てた手紙の中で彼は、彼女の演技は自分の感情を激しく揺さぶり、胸にこみあげてくるものがあったと書いています。もしもそのままモスクワにとどまっていたら彼女が演じた役と恋に落ちていたかもしれない、と。クニッペルとチェーホフの関係性は、その後いくどとなく再会を繰り返すことによって、そしてまたとても親密な手紙を交わし合うことによって、それこそ草花が咲きこぼれるみたいにもえあがることになります。

このふたつの記述のあいだには小さくない年月の隔たりがあるのですが、クニッペルの語るチェーホフのはにかみがちで表情豊かな顔は、コロヴィンが記述している学生時代のチェーホフとこだまのようにはっきりと響き合っています。そのことを心に刻みましょう。

もしあなたに昔から知っている人がいれば、習慣のようにその人に染みついている振る舞いに焦点を合わせ、文章を書いてみましょう。

またクニッペルは、チェーホフがなんだかいつもそわそわしていて、会話の途中で少し調子はずれになることがあるとも書いています。チェーホフはいつだってどこかしらうわの空で、人と話しているときも自分の内面の旅を続け物語を紡いでいる、と指摘する人もいます。

チェーホフの母エフゲニアは学生時代の彼をこう回想しています。「アントーシャは朝テーブルの前に座ってお茶を飲んでいると、いきなり前触れもなく考え込んでしまうということがよくありました。目の前にいる人の目の中を覗き込むこともありました。だけど私にはわかっていました。彼は何も見ていないんです。するとポケットからノートを取り出してさらさらと書き始めます。じつにさらさらと。そしてまた自分の考えにふけるんです」。妹のマーシャは彼の仕事を支え、彼が亡くなったあとは彼の生涯を後世に伝えるために人生の大半を捧げました。彼女もまた、彼がまだ書きあらわしていない物語の世界に没入しているとき、その肉体がどんな変化を示すかを語っています。

歩き方も声も変わり、どことなく意識がうつろになって、何を尋ねてもたいていあいまいにしか返事しません。こういうときの彼はいかにも不思議そうに、きょとんとした顔つきでこちらを見ていました。しばらくそういう状態が続きます。彼はやがて書き始めます。すると、あのおなじみの彼が舞い戻ってくるんです。彼の中でテーマとイメージが完全に熟したことを意味します。それは創作的な緊張が終わりつつあることを告げていました。

作家たちは常時、創作の一時的な夢心地の中にいるというわけではありません。執筆活動のおかげで、手首の痛み、肩こり、目の疲れなど、永続的な身体的影響を受けることもあります。チェーホフのような作家活動であれ、より重い肉体労働であれ、あなたの作品に登場する人びとの仕事が彼らの身体にどのようなしるしを刻み込んでいるか考えてみてください。シドニー・ミンツはライフヒストリー『サトウキビ労働者』の主人公ドン・タソを次のように紹介しています。

タソと初めて会った日の午後、彼がどんな格好をしていたか、私ははっきりと覚えている。彼は小柄だが、腕は筋肉質で真っ黒に日焼けしていた。それはほとんどグロテスクといっていいほどだった。骨格は小さく華奢な体躯をしているというのに、その腕ときたら、サイズと体重が彼の倍はある人間にこそふさわしいという感じだった。顔はしわだらけで、彼が実際はすごく若いということをのちに知ったときには、彼の年齢と自分が目にした容姿のあいだの落差に愕然としてしまった。彼には歯が一本もなかった。たくさんの金歯が並んでいる、サイズの合っていない入れ歯を使っていた。白いシャツ――プエルトリコにおける休息中の労働者の尊厳の象徴――を着て、おしゃれだけどいささか年季が入りすぎているクリーム色の中折れ帽をかぶり、靴は履いているけれど靴下は履いてなかった。

身体がいかに鮮やかに肉体労働の痕跡をとどめているか、そして衣服はいかに雄弁に階級について物語っているか、ミンツが物理的ディテールを記述しながらそのことを簡潔に示していることに注目してください。

登場人物の職業や活動が本人の身体に刻みつけているしるしを記述してみましょう。

身体は変化します。チェーホフが衰弱し、結核が進行し、健全で美しい容貌が損なわれていくにつれ、彼の身近な人びとは不安の色を深めていくことになります。彼の有名な短編『犬を連れた奥さん』では、身体的な老いが痛々しいほど率直に描かれています。チェーホフとクニッペルが恋愛関係にあった一八九九年に書かれたこの物語には、冬のモスクワのホテルの一室で、既婚者でありながら女性に対して手の早いドミトリ・グーロフが鏡の前に立ち、若い既婚の恋人アンナ・セルゲーヴナのあたたかい肩に手を置き、彼女をなぐさめる場面が出てきます。ふたりはヤルタのリゾート地で出会い、彼はほんのひまつぶしにこの関係を始めました。数か月後、グローフは自分自身を見つめ直します。「ここ数年で自分はこれほど老けこんでしまったのか。美しかった顔立ちもいつの間にかすっかり失われてしまった」と落胆し、そして「頭が白髪になったこの歳になって生まれて初めて、誰しも経験するような本当の恋に落ちたことに我ながら戸惑った」。このくだりの心の動きは、三九歳のチェーホフが若い恋人の肩越しに鏡に映る自分の姿を見たときの心情をある程度反映しているんじゃないのかな、と思わずにはいられません。しかしそれと同時に、この一節は私たちに、どんなに簡潔な描写でも、巧みに構成された物語の中に配置されると非常に強いイメージを喚起できるものなのだと再認識させます。

バーバラ・マイヤーホフは、カリフォルニア州ベニスビーチにあるユダヤ系高齢者センターのエスノグラフィーの中で、加齢が身体に及ぼす影響を印象的な、いたわり深い筆致で細密に描いています。一九六〇年代後半から一九七〇年代初頭にかけての調査で彼女が知り合った高齢者の中に、シュムール・ゴールドマンという元仕立屋がいました。彼はセンターの他の人びととの折り合いがあまりいいほうではありませんでした。シュムールが八〇歳、妻のリベカが七四歳のときのことをマイヤーホフはこんなふうに書いています。

過ぎ去った歳月が彼の顔の輪郭を鋭利にしていた。不必要な肉を削ぎ落としていた。唇は薄く中立的なラインを描き、目は深く落ちくぼんで互いに接近していた。白内障や緑内障の曇りはなかった。笑顔は控えめで稀だった。髪、耳、頬骨だけやけにみずみずしかった。歯はふぞろいで汚れがこびりついているけれども自分の歯である。私はその歯が好きだった。他の人の入れ歯のまやかしの白さは私をなんだか切ない気持ちにさせた。首を囲んでいる筋肉が彼の大きくて長い頭を、しなやかで均整のとれた身体にしっかりとつなぎとめていた。

リベカがソファにやってきてシュムールの隣に腰を下ろした。彼女の歯も自分の歯だった。そして彼と同じように、重い眼鏡、補聴器、入れ歯など多くの老人の第一印象をのっぺりと塗りつぶしてしまうような器具はなにひとつ身につけてなかった。リベカもまた小柄で行動力があり、背筋がぴんと伸びていた。ふたりは手の大きさも同じで、手の甲にはそろって茶色の斑点があったが、関節炎とは無縁の夫婦の手指はいずれもすらりと伸びていた。

これらの記述が、特定の文化における特定の年齢層の容貌にまつわるイメージを定着させると同時に、シュムールとリベカの外見の独特性を、まるで祝福するかのようにとても豊かに示している点に注目してくださいね。

同性、同齢の仲間たちと比較しながら特定の状況にある人物について記述してみましょう。

人はいつも喜んで正確な年齢を打ち明けるわけではありません。直接的に年齢という数字に触れなくても、たとえばこめかみに浮かぶ白髪のラインや、老眼鏡のきつい度数や、整形手術後の驚いたような強い目つきや、すでに成人している子どもや孫の存在や、ずいぶん昔の出来事の回想などの、細かな描写を通じておおよその年齢をそれとなく示すという味わい深い方法を使うこともできます。

「もの」が語る人生

人がこよなく大切にしているものには、その人の生い立ちや価値観なんかが色濃くあらわれています。マイヤーホフは、シュムールがイディッシュ語で書いた「神の偉大な発明品／小さな針／謙虚で、明るく、素早い」という詩を彼女に見せてくれたときの様子を詳しく書いています。彼は仕立屋という仕事を、自分を人びととつなぎあわせる奉仕活動であると同時に、彼個人の創造性を表現する芸術と見なしていました。自分のようなユダヤ人の仕立屋がいるからこそ、アメリカで暮らしている人びとはとくに裕福でなくてもコートを持つことができるんだ、と彼は言います。彼は仕事に対する哲学を語ります。「縫いものをしているときは、心が躍動していなければならないんだ。たとえ君が雇われているのが、良い店であろうと悪い……ともかく、外にある条件なんて関係ない。そいつを君の内部から引き出さなくては。自分を表現する方法をね。いつだってそうしているんだよ」。またあるときは、こんなふうに言いました。

仕事には始まりも終わりもないけど、物語は語られ、頭の中でそれはしだいに大きく育っていくんだ。縫い針は中にもぐりこみ、また外へ出てくる。君の指には糸が握られている。それは服につながり、指につながり、服を繕う人につながっている。それが大事なことで、仕事に対する報酬なんてのはさほど重要じゃないのさ。

あなたが書いている人物は、自己意識の核心部分にあるような物質的対象の意味をどんなふうに語りますか？　それらの「もの」は、その人と他の人びとをどのように結びつけていますか？

シュムールと仕立屋の仕事の結びつきはきわめて強固でした。あまりに強固だったので友人のエイブ・バイデルマンはシュムールが亡くなったあと、シュムールのことをとてもよくできた衣服や縫い針と重ね合わせて、次のように語っています。

彼はゆったりとした上等な外套そっくりだった。どこをとっても美しく縫い合わされていて、その縫い目はじつにしっかりしている。布地はべつに上等というわけじゃないんだけど、安っぽくないし、長持ちするんだ。さらに彼自身が縫い針とよく似ていた。針のようにとんがっていて有用でてきぱきしていて、ときたま、そうすることが必要な場合には、人をちくりとやったもんだよ。

こんなふうに鮮麗な語りに出会うことができればそれはエスノグラファー冥利に尽きるというものです。人びとのことばに見られる他者表象に注意深く耳を傾け、それを自分の文章に取り入れるということが重要な方法であるということに、はっと気づかされないではいられません。バイデルマンがシュムール・ゴールドマンの生業をテーマにして書いた文章は、以下のようなプロンプトを導き出してくれます。

ある人物を、その人のライフワークと緊密に結びついている「もの」と並置しながらとらえてみましょう。「——は……のようだ［あるいは似ても似つかない］」という感じで。

ある人物の持ち物をリストアップするだけで、かなり鮮明な累積的印象というべきものがたちのぼってきます。たとえば、大恐慌時代のアラバマ州の貧しい小作農民の三家族の生活を記録した、ジェームズ・エイジーの『誉れ高き人びとをたたえよう』に出てくるリストを見てみましょう。彼は、部屋ごとに「もの」をリストアップします。そして、ボロボロに着古された服や家族が身につけていたものをひとつひとつ描写しています。しかし、箇条書きというのは、ちらっと少しだけ使われたときにとりわけ高い効果を発揮します。リストというかたちを繰り返し何度も使いながら、読者の興味をひきつけ続けるのは、腕利きの作家でもかなり難しい。たいていの場合、物語の進行に合わせてディテールを挿入するとうまくいきます。

衣服や装飾品が背景に登場するプロンプトの例が何かないかな、と記憶の底をさらっていたら、自分が若い頃に書いた、西インドの老聖人スワミジがライフヒストリーを語っている場面に思いあたりました。スワミジが信仰する神はサプタシュリング・ニヴァシニ・デヴィという、目が大きく、珊瑚色の肌をした、一八本の腕を持つ母なる女神でした。その神がいる山頂の寺院のすぐそばに彼は数年間暮らしていました。

「子どもの頃から女神に帰依していたのですか」。それが私の最初の質問だった。スワミジはベッドの上に腰掛け、壁に背中をもたせかけ、両足はスツールに乗せていた。頭上からピンクの蚊帳がかかっていた。私はスワミジの足もとの床の上に座っていた。彼は私の背後の壁にしつらえられた祭壇に目をやった。そこには、サプタシュリング・ニヴァシニ・デヴィのカラー写真、彼のグルの持ち物である銀のサンダル、グルの写真、幾何学的なシュリーヤントラー（女神をあらわしている）が刻まれた四角形の銀の置き物、そしてスワミジの直感的ひらめきに従って地球儀と曇り鏡が飾られていた。祭壇に一礼すると、私の頭が地球儀のアフリカに軽く触れた。それから私は鏡に映る、真珠のような霞みがかった自分の姿に目をとめた。

「はあ？ なんだって？」。私の問いかけが相手の意識にしみ込むまでかなりの間があった。

私はこのシーンを大学院生のときに書いたのですが、ベッドの前に置かれた足のせ台や、紗のように透きとおったピンクの蚊帳の天蓋といったいささか意外な小道具のことまで書いたのは、スワミジの気取らない人柄を伝えるためだったように記憶しています。スワミジのライフヒストリーは、そのほとんどが精神的な意味の探究に関わるものでした。スワミジが独自に自分の祭壇にしつらえた、聖なる物品は彼の形式ばらない、カジュアルな一面をうまく物語ってくれるだろうと感じたのです。

✍ あなたが表現したいテーマと関連を持つ、登場人物の「もの」をリストアップしましょう。そして、その人物と「もの」とを関連づける文章を二つか三つ書いてください。

内的な伝記

ある人物が一生をかけて追い求めていること、それはいったい何でしょうか？ 生業かもしれませんし、まったく異なるものかもしれません。人類学者の「キー・インフォーマント」のポートレイトを集めた作品の中で、ヴィクター・ターナーはローデシア（現在のジンバブエ）に暮らす友人ムチョナのことを回想しています。ターナーは土ぼこりが舞う道を歩いているときに出会ったムチョナのことを「私たちと並んですたすたと歩いていた賢者のような年配の小柄な男」と紹介しています。ターナーが薬について質問すると、ムチョナは「真の愛好者であると言わんばかりにきらきらと瞳を輝かせ、じつに滔々と」答えます。彼の声は表情豊かで、知識を伝えるときには教師のように威厳に満ちた声になり、物語を語るときにはコメディアンのようにユーモラスな声になります。ムチョナは異民族出身の奴隷の息子で、酒を飲んだくれ、ンデンブ社会の周縁にいましたが、ンデンブの治療儀礼にはとんでもなく精通していました。（ンデンブの儀礼的なシンボリズムに関するターナーの傑作エッセイは、部分的にはムチョナによる解釈にもとづいているものと思われます）。ターナーは書いています。

かいつまんで言うと、彼の人格は、詩人が詩の中で自らを表現するように、儀礼の説明と解釈、そしてそれらを彩る身振り、しぐさ、言い回しなどの、含みのある微細な言動の中にあらわれている。したがって、ムチョナの儀礼に関する歴史は彼の内的な伝記であると言ってよい。彼は儀礼の中にこそ最も深い満足を見出していたのだ。

「内的な伝記」という概念を使って、ある人物の人生における創造的な取り組みに関わる重要なテーマを指摘することは可能ですか？

チェーホフの『犬を連れた奥さん』にも、これと似たような内面と外面の断絶を示唆する場面が出てきます。グーロフはアンナ・セルゲーヴナとの密会に向かう途中で娘を学校に送り届けます。そのとき、周囲の人びとが知っている自分の立派な結婚生活と職業生活なんて、真に大切な部分を覆い隠すただの外皮に過ぎないんだ、と彼はふと思います。評論家のジェームズ・ウッドはこのあたりの感覚をずばりと指摘しています。「チェーホフの世界において、人びとの内面生活は独自のスピードで動いている。……彼の物語世界では、自由な内面生活が外面生活に対して、ユリウス暦とグレゴリオ暦のように、二つの異なる時間軸として並走している」。このような内面生活を小説家は自由に想像し描写することができますが、エスノグラファーは、グーロフ的な見方からすると、外に表してよいと人びとが決める事象のレベルに留まらざるをえないということになります。

チェーホフ自身の「内的な伝記」はその作品全体ににじむ思いやりの中に顔をのぞかせているように見受けられますが、正確なところはよくわかりません。彼のことを覚えている人びとは、執筆活動と外面的な生活の相互関係を語っています。彼は仲間と一緒にいるときでさえ内側に引きこもり、あるいはひとりで物思いに沈むことがありました。様々な頼み事を抱えた訪問者たちがひきもきらず押しかけてきて、彼は隣の部屋に避難したりしたそうです。いささか親密すぎる気配を感じ取った女性とは距離を置きました。同時に、社交的なつながりは彼の作家生活をかたちづくってもいました。彼は社交的で、チャーミングで、面白く、いたずら好きで、お茶目で、冗談話の愛好者であり、さまざまな客をあたたかく迎えるホストでした。

作家のアレクサンドル・クプリーンは、チェーホフが健康上の理由から寒冷なモスクワを離れ温暖な気候のヤルタに移ってきた頃、日常生活の中で精神的な張りを保っていたと書いています。夏の朝チェーホフはとても早起きし、さっぱりとした服に着替え、書斎で仕事をしていた、と。でも、チェーホフの孤独な創作活動は午後になると、女性ファン（彼女たちはアントノフスカという冬のリンゴの品種をもじって、アントノフスキーと呼ばれていました）を含むおおぜいの訪問者たちのせいで中断を余儀なくされます。

彼の仕事にとって昼食前の朝が最良の時間帯だったことに議論の余地はない。だが、彼が書き物をしているところを見た者は誰一人いなかった。この点に関して彼はとても内気で恥ずかしがり屋だった。ところが、温暖な朝には家の裏の斜面に腰を下ろしている彼の姿がよく見られた。そこはじつに気持ちのいい場所で、壁沿いに鉢植えされたセイヨウキョウチクトウが並んでおり、彼が植えたイトスギもあった。そこに座り、時には一時間以上も一人きりで膝に手を置き、身動きひとつせず、目の前に広がる海を眺めていた。

昼過ぎ、訪問客の数はぐっと増える。バンガローと道路を隔てる鉄柵の前に、白いフェルト帽をかぶった少女たちがぽかんと口を開けて何時間も立ちつくしていた。多種多様な人びとがチェーホフのもとを訪れた。学者、作家、ゼムストヴォ（農村行政）労働者、医者、軍人、画家、男女のファン、教授、社交界の男女、上院議員、司祭、俳優、そのほか素性の知れない人びと。彼はしょっちゅう助言や支援を求められ、それよりずっと頻繁に原稿に対するコメントを乞われた。新聞記者が取材にやって来たかと思えば、単に好奇心半分の人びとも押しかけてきた。「自分の大きな、しかし迷える才能を、正しい道に導いてほしい」とすがってくる人もいた。乞食も訪れる。本物もいれば、偽物もいた。彼はそういう人たちを決して追い返さなかった……チェーホフが学生に対して男女の別なくおそろしく気前が良かったことは間違いなく、その寛大さは彼のささやかな資力の許容範囲をはるかに超えていた。

私はこの文章に心を動かされました。極端なまでのコントラストが理由のひとつです。書斎から出てきて膝に手を置いて海を眺めながら思索にふけるチェーホフの自己完結的な静けさと、さまざまな要求を抱えた訪問客たちの騒々しさ。明快なコントラストは情景を目もあやな色彩で描き出す。そのことを私はあらためて思い知りました。

✍《創造するという営み》というテーマに沿って、一人ぼっちで思索にふける様子と社会的相互行為における振る舞いのふたつの瞬間を並列的に記述してみてください。

一八九五年、友人のスヴォーリンに結婚を勧められたとき、チェーホフは、妻が常にそばにいる生活にはとても耐えられないんだ、と返事の手紙を送りました。妻はモスクワに住み、自分は田舎に住んでいるというのがいいな、と。「僕は一〇〇パーセントの素敵な夫になってみせる」と彼は書きました。「でもね、月みたいにくる日もくる日も僕の空に顔を出してくるような女性とはまず一緒になれない」。余談ですが、彼は「妻を持ったからといって僕の文章がうまくなるわけではない」とも書いています。チェーホフはオリガとのあいだに親密な感情がまるで波のように押し寄せるのを感じました。ふたりは一九〇一年の夏に結婚すると、オリガはモスクワで俳優業を続け、チェーホフは八〇〇マイルほど離れたヤルタに逗留し続けました。長い別居生活のあいだ、ふたりは長い手紙を途切れなく交わします。ふたりとも子どもを望んでいましたが、それはかないませんでした。

クニッペルがチェーホフとドイツのリゾート地で休暇を過ごしていたとき、チェーホフは結核の合併症により衰弱していきます。ふたりにとって最後の日チェーホフが口にした有名な最期の言葉が彼女の記憶に刻まれています。「シャンパンなんて、ほんとひさしぶりだ」。夜中に呼ばれた医師が、死にゆく同業の士に対して、職業的敬意をあらわすためにそっと差し出したシャンパンでした。チェーホフは彼女に微笑みかけ、冷たいシャンパンを飲み干し、体の左側を下にして横になり、亡くなった、とクニッペルは記しています。

クニッペルはチェーホフが息をひき取ったあと、静まりかえった部屋の中に大きな黒い蛾が舞いこんできて、ランプにぶつかったというエピソードに触れています。彼女は解釈なしにそのことを書いています。でも人類学者である私は、その蛾をチェーホフの魂の化身とみなす異文化ということについて思案をめぐらさずにはいられませんでした。神、精霊、動物、植物、物体、自然現象、制度、さらには病気などの人間ではない「もの」に、人格のごとき質的なものが存在すると見なす文化は数多く存在します。エスノグラフィーは、このような人間ではない存在の人格について、それらと相互行為を交わしている人びとの目線から語ることができます。

ブルックリンに住むヴードゥーの神官を描いたカレン・マッカーシー・ブラウンの『ママ・ローラ』の一節を見てみましょう。戦没者追悼記念日の週末にあたるアザカ（ヴードゥー教の精霊ルワのうちのひとり）の生誕祭で、アローデスという呼び名を持つママ・ローラは娘のマギーを含む崇拝者のグループを率いて、アザカを召喚しました。沸騰するエネルギーの中心でアローデスは歌い、踊り、祭壇に祈りを捧げる。やがてアザカが出現します。

彼女の身体はがたがたと震え、びくっとして引きつったり、それが一瞬ゆるんだかと思うと、またすぐにびくっとはねあがる。この動きは、ルワとアローデスの守護天使であるグォ・ボナンジ（通常は「彼女の頭の中」にいる）の闘争によるものだ。精霊が勝つと（たいていいつも勝つのだが）グォ・ボナンジはふだんの睡眠時のように身体から放たれてさまようことになり、アローデスは精霊のチュワル（馬）に変身する。アローデスのまわりでは何人かの者たちが彼女を助けようとして動いてはいたけれど、それはちっとも切迫した動きなんかじゃなかった。彼女の身が危ういとは誰ひとり思っていなかった。その場に居合わせた多くの人びとには、アローデスのことにとくに気をとめるそぶりもなく、こういうのはさほど珍しいことでも何でもないとでもいわんばかりだった。

彼女は靴を脱がされた。そしてひとりが彼女の両脇を支え、アザカの青いスカーフが彼女の首に結ばれた。間違いなくアザカが馬にまたがっているということを示す最初のサインは、その高音の鼻にかかったようなさえずりだった。「フゥウウー、フゥウウー……フゥウウー……フゥウウー！」マギーは、アザカのために特別に仕立てたざっくりとしたブルーデニムのシャツに手を伸ばし、苦労して彼にそれを着せた。それから彼の頭に麦わら帽子をかぶせ、片方の肩にマコウト（麦わらを編んで作ったサッチェル）を掛けた。……

「ボンスワ、コンペ。ボンスワ、ティ・コウジン（こんばんは、お兄さん。こんばんは、かわいいいとこさん）」アザカはいかにも農夫らしい鼻にかかった声で言った。そして、麦わら帽子のつばの下から、おずおずと部屋の中を見渡した。

ママ・ローラの体がアザカの乗っている「馬」に変身するのと同時に、ブラウンが代名詞を変化させている点に注目してください。衣装の変更はその変身を引き立たせています。さらにママ・ローラの強い性格やふだんの話し方は姿を消し、うってかわって気弱な農夫がその場にあらわれるプロセスもブラウンは巧みに描き出しています。

ある人物が、あなたの知っている人格であると同時に別人でもある（たとえばパフォーマンスの登場人物、神、霊、バーチャルなアバターなど）というような、二重性の瞬間を描写してください。身振り、衣装・小道具、声の変化などをしっかり書き込みましょう。

同様のことはレーン・ウィラースレフの『ソウル・ハンターズ』でも示されています。そこではシベリアのユカギール人たちが人間、動物、精霊のあいだの擬態的二重性をどんなふうに理解しているかが描かれ、人間の境界が拡張されています。この本は、ひとりのユカギールの男がヘラジカに扮してスキーを履き、銃を持ち、雌のヘラジカに近づく場面から始まります。

スピリドン老人が体を前後に揺らしている姿を眺めていると、私は、目の前にいるのが人間なのかヘラジカなのかよくわからなくなってきた。身にまとっているヘラジカのコートは被毛が外側に伸び、ヘッドギアからは不思議なかたちをしたあのヘラジカの耳がぴょこんと突き出していた。スキーはヘラジカのなめらかな足の皮でおおわれていて、雪の中で動かすと動物が歩いているような音がする。彼はヘラジカだった。けれども、帽子から下の顔の部分は、人間の目、鼻、口と続き、そして両手には銃弾を装填したライフル銃が握られている。彼は人間だった。つまり、スピリドンは人間であることをやめたわけではなかった。より正確に表現するなら、彼はヘラジカではなく、ヘラジカでなくもないという境界的な様態を保持していた。人間と非人間的なもの、ちょうどその中間に位置する神話的な存在に変身していた。
ヤナギの茂みのあいだから雌のヘラジカが子連れであらわれた。最初は立ちつくした。母親は大きな頭を上下させ、目の前につきつけられた解けないパズルに頭を悩ませた。しかし、スピリドンが近づいてくると、彼女はスピリドンの擬態にあっけにとられた。彼女は信じられないという気持ちをおさえつつ、彼のほうへ歩を進め、幼子（おさなご）は小走りになって彼女のあとをついていった。その時点で彼は銃を構え、発砲し、二頭を撃ちたおした。後日、彼はこの出来事について説明した。「ふたりの人間が私のほうに踊りながら近づいてくるのが見えた。母親は若く美しい女性で、彼女は歌いながら『誉れ高い友よ。こちらにおいでください、私があなたの腕をとって、我々の家までご案内いたします』と言ったんだ。私がふたりを殺したのはそのときだ。もし彼女についていっていたら私は死んでいたと思う。彼女が私を殺していただろう」

この一節は視点の移動によって劇的な迫力を獲得しています。スピリドンはエスノグラファーの目にどう映ったか、スピリドンは雌のヘラジカにはどう映っているように見えたか、スピリドンが何を見たと語ったのか（それはエスノグラファーには見て取ることのできなかったビジョンでした）というふうに。

✍ 自分以外の視点から、ある人が人間でありながら人間ではない者であるように見えた瞬間を描写してみましょう。

時を超える想像

多くのエスノグラフィーはフィールドノートにもとづいて書かれています。でもメモや写真には残っていないこと、つまり**二次的**な情報、そして記憶や想像の中にいつも鮮明にあるような瞬間についてはどのように表現できるでしょうか？　ケネス・リードは『高地の谷』という一九五〇年代初頭のニューギニアでの調査にもとづく人気の高い物語風のエスノグラフィーの中で、自分がその場に居合わせなかった重要な出来事（ガフク高地人と彼の関わりにおいて鍵となった出来事です）を描くというちょっと大胆な試みをしています。彼の将来の友人でありカリスマ性を持つマキス首長が、民族を代表して白人に申し入れをおこなうために地方植民地行政局まで足を運びます。そのとき机の上には「調査地を探しているので助力をいただきたい」というリードが書き送った手紙がたまたま置かれていました。彼の研究にとって重要な転機となるこの瞬間を、リードはのちに再現します。

> 私には、やることなすことすべてをドラマチックに彩る才能をいかんなく発揮してオフィスに入っていくマキスの姿がまぶたに浮かぶ。まず玄関の向こうの長方形の陽光の中に彼はあらわれる。

そのとき彼は、まばゆい光輪にふちどられた暗いシルエットだ。彼が敷居をまたぐと、それは一瞬のうちに消え去る。彼は独特の身のこなしで注目を集める。身体についている貝の装飾品が互いにぶつかり合ってじゃらじゃらと勇ましい音色を立て、さっと腕をあげスマートに敬礼する。のちに、私が夜ひとりで仕事をしていると、彼はしばしばちょうどそんな感じで登場したものである。ケロシンランプ（ティリーランプ）がしゅうしゅうと音を立てて燃えている明かりの中にだしぬけに彼が姿を現すと、部屋の中全体が彼の存在感で満たされるのだった。

この一節は、想像上の瞬間と現実の記憶のあいだを力強く往復し、互いにそれぞれを補強し合っています。

✍

「私にはふと目に浮かぶのだが……」という書き出しで、直接目にしたわけでないけれども事後的に伝聞で知ったある瞬間における人物のようすを描写してみましょう。（そのイメージの情報源について言及してもよいでしょう。）

実際に我々がその場に居合わせた出来事が、記憶に深く刻み込まれて、理由はよくわからないけれど、ふとしたときに繰り返し何度もよみがえってくるということもあります。以下はV・I・ネミロヴィチ゠ダンチェンコがチェーホフについて記した文章の中に出てくる場面です。ネミロヴィチ゠ダンチェンコはコンスタンティン・スタニスラフスキーと共同でモスクワ芸術座を設立した作家です（オリガ・クニッペルと交際していたとも考えられています）。彼は、物語の伏線はきちんと細かいところまで回収すべきであるというアドバイス――チェーホフの言葉としてしばしば引用される「第一幕の終わりで装填された銃はいずれ発射されなければならない」というアドバイス――を最初に言った人物ともされています。チェーホフは『かもめ』の原稿についてネミロヴィチ＝ダンチェンコに助言を求めていました。この戯曲は原稿の段階で従来の形式から逸脱していると酷評されていました。チェーホフはネミロヴィチ＝ダンチェンコの言葉に耳を傾けていました。

彼の戯曲を詳しく時間をかけて分析しているさなかに、彼の姿がこんなにも私の記憶に深く刻み込まれたのはなぜなのか、私にはまったく説明がつかない。私は机に向かい原稿を読んでいた。彼は窓際に立ち、私に背を向けて、いつものようにポケットに手を入れていた。少なくとも三〇分以上彼はいちども振り向かず、ひと言も口をきかなかった。彼はまぎれもなく特別な集中力を注いで私の話に耳を傾けていたが、それと同時に、私のアパートの窓の前の小さな庭で起きていることにも注意を払っているようだった。ときおり彼はガラスに顔を近づけて外に目を凝らし、少し首をかしげた。それは私が気兼ねなく話せるようにする配慮だったのだろうか。私の視線をひいて私の思考を邪魔だてしないように、と。あるいは、逆に自分の威厳を保つためだったのだろうか。

心に残るこの描写の生命力は、そのオープンエンドな書きぶりから生まれているように見えます。

チェーホフの頭の中で何が起こっていたのか、その瞬間をどうしても忘れがたいものにしているのは何なのか、その点についてネミロヴィチ＝ダンチェンコは知ったかぶりをしていません。ことさら説明を加えようともしていない。ネミロヴィチ＝ダンチェンコはチェーホフと自分の記憶を単一の解釈の中に封じこめていません。いろんな疑問や説明が可能な余白というものを、彼はそこに残しているわけです。

✍ あなたの記憶に焼きついている場面における人物のことを描写してみましょう。そのワンシーンをめぐるあなたの理解については「未回答の疑問」のままとどめておいてください。

『かもめ』の初演はサンクトペテルブルク、一八九六年一〇月でした。喜劇界の人気女優エリザベータ・レフケエワによって、デビュー二五周年を祝う夕べの最初の演目として上演されました。喜劇を期待していた観客は幕が進むにつれて、大声でおしゃべりを始めます。笑い声をあげ、咳をし、やじを浴びせ始めます。ある女優が幕間に楽屋でレフケエワとチェーホフを見かけた、とのちに語っています。レフケエワは「その異彩を放っている目に、罪悪感ないし同情のどちらかの色を浮かべて彼のことを見つめていました」。チェーホフのほうは「頭を少しうなだれて座り、髪が一束、額の上に落ちかかり、鼻眼鏡が片方に傾いて鼻梁の上にのっていました。……ふたりとも沈黙していました」がっくりと打ちひしがれたチェーホフの落胆ぶり。そのあと彼は劇場を出て、あてもなく街をさまよいます。そして翌日彼は二度と戯曲なんか書くまいと心に決め、サンクトペテルブルクをあとにします。友人ネミロヴィチ゠ダンチェンコが『かもめ』をモスクワの芸術座で上演しなければならないと主張したのはそれからまる二年後のことでした。ヤルタにいたチェーホフは初日を欠席しましたが、このときの上演は大成功をおさめました。劇作家としての名誉をチェーホフは回復しました。モスクワ芸術座はその後『ワーニャ伯父さん』（前作『森の精』を大幅に改作した作品です）を上演し、チェーホフは同劇団のためにさらに二本の新しい戯曲『三人姉妹』と『桜の園』を書きます。

一世紀以上が経過した今この文章を書いている私は、チェーホフのこれらの戯曲が今日まで読み継がれ、上演され続け、脚色され続けていることを知っています。チェーホフの同時代の人びとが彼の沈黙について——『かもめ』が批評されるときには窓際に立ち、『かもめ』が初演されたときには舞台裏に座っていたチェーホフ——語っていますが、それは私にシーンの持つ力を再認識させてくれます。つまり、予想外の展開を見せる物語の中で暗礁に乗りあげてしてしまった人物のせつなさを描くというただそのひとつだけとってみても、シーンというのは物事の成り行きを整然とまとめた文章なんかよりもずっと多くのことを物語ることができるものなのだ、と。

＊＊＊＊＊＊＊＊＊＊

人

ある人物をシーンの中に置いて、あるいはポートレイトというかたちを使って、導入部分を書いてみましょう。その人物の外見、しぐさや物腰、社会的立場なんかをじっと観察してください。その人物の人生が、あなたが関心を寄せる中心的なテーマによってどのような影響を受けたかを、暗示的ないし明示的に書いてみましょう。（二ページ）

4 声

私はこれまでアントン・チェーホフに関して同時代人たちが残しているさまざまな記録を集めてきましたが、マクシム・ゴーリキーの回想にはことのほか強い衝撃を受けました。どうしてだろう？私はゴーリキーの文章を読み返してみました。もうのっけからチェーホフの声が響いてくるんです。ゴーリキーは、黒海のリゾート地ヤルタに近いタタール人の村に住んでいたチェーホフを訪ねたときのことを思い起こします。

彼はクチュック・コイという村に小さな土地と白い二階建ての家を持っていた。私はそこに招かれたことがある。彼は自分の「邸宅」を私に見せてまわり、そのあいだずっと声を弾ませて話しつづけた。

「僕がお金持ちだったら、病気をしている村の教師たちのためにここに療養所をつくるんだけどなあ。光があふれる建物だよ。ほら、とびきり明るくて、窓なんかもやたら大きくて、天井だってものすごく高い。ちょっとほかにないくらい立派な図書館があってさ、ありとあらゆる種類の楽器がそろっていて、養蜂場があり、菜園があり、果樹園もある。僕は農学だとか気象学だとかの授業を開講するのさ。教師ってのはね、何事にも精通していないといけないんだ。何事によらずだよ！」

彼は話の途中で突然咳をした。それから横目で私をちらりと見て、愛らしくて穏やかな笑みを浮かべた。その笑顔には、誰もが彼の言葉に耳をそばだてずにはいられないような、人をひきつけてやまない魅力があった。

「つまらないよね？　ごめんね、僕の夢について話したりなんかして。この話をするとつい熱くなっちゃうんだよね……」

この冒頭部分を読み返しているうちに私は、チェーホフが語った言葉だけではなく、そこからもっと別の多くの事象を自分が受け取っているということに気づきました。彼の弾むような口ぶり、彼の咳、ゴーリキーへの彼の横目づかい、彼の笑顔を私はひしひしと感じました。彼の楽しげな自意識がほんの一瞬姿をあらわし、すぐにうたかたのように消え去るのを感じたのです。チェーホフは三七歳のとき肺から出血し、自分が結核に罹患している現実を直視しないわけにはいかなくなりました。結核と闘う教師たちのための療養所というアイデアを提案したとき、彼の気づかいは教師たちに向けられていただけでなく、他の患者たちにも向けられていました（温暖なヤルタにはたくさんの結核患者が身を寄せ、彼らは移住してきたチェーホフのもとに、現地での逗留や治療について相談をしにしょっちゅうやってきました）。

ゴーリキーはさらに、チェーホフが夢中になって語った言葉を書き記しています。政府はより良い教育とより良い給与で教師を育てるべきだ、という彼の長く熱い語り。それはアイビー・リトヴィノフの翻訳した小さな赤い本で、ほぼ二ページにわたるものです。でも、すぐにチェーホフはふたたび我にかえり、相手を退屈させているのではないかと心配になります。急進的な新聞の社説みたいに重くるしい話になっちゃったね、と自嘲します。それから気を取り直し、おわびのしるしにお茶でもどうかなと切り出す。ゴーリキーはこんなふうに書いています。

彼といると、そういうことがよくあった。温かく、重々しく、いちずに語っていたかと思うと、次の瞬間には、そんな自分自身や自分の言葉を静かに笑っている。そして、この優しくはかない微笑みの背後には、言葉と夢の真価を知っている人間だけが持ちうるほのかな疑念が漂っているのだ。それに加えて、この笑みには、彼の魅力的な謙虚さや直感的な繊細さの一端が感じられた。

もしもチェーホフがこの最後の一節を読んでいたら、たぶん彼は苦い顔をしただろうと私は思います。彼の控えめな性格だけが理由ではありません。ゴーリキーが書いていることですが、大文豪トルストイがチェーホフの物語『愛しい人』に対して惜しみない賛辞を述べているとき、体調を崩し熱のあるチェーホフはそのかたわらで頬を赤らめ、頭を下げ、眼鏡を拭き、やがて口を開きます。出版されたページには誤植があるんです、と。手放しでほめたたえるゴーリキーの口調と、肯定的な資質のてんこもりには、チェーホフも思わず首をすくめたんじゃないかと私は思います。温かさ、重々しさ、誠実さ、かすかな疑念、魅力的な謙虚さ、直感的な繊細さ……それから、優しくはかない微笑み！

ふたつの文章を並べたのは、声について考える方法を提案するためです。つまり、他者の声をどう表現するか、そして自分自身の声をどのように育てるかという問いに取り組むためです。「声」と「人」を分けるのはなんだか恣意的だなと思われるかもしれません。でも、他者に関する知識はおおむね当人が語る情報の内容と形式にもとづいています。エスノグラファーは、耳にした言葉や周到なインタビューや理論家たちの議論などの対話からテクストをつくっていきます。これらの多様な声は特定の形で再現された言葉――録音された言葉、記憶された言葉、翻訳された言葉――として表現され、あるいは言い換えられたりします。エスノグラファーの声は、ガイドのように、また通訳のように、これらの多様な声たちを整えていきます。共同研究の場合には、エスノグラファーの声が他の同僚たちの声と組み合わされます。共同研究が一般的になるにつれ、テーマの決定から文字起こしの確認、最終調整まで、あらゆる段階で自分以外の声を取り込むことの必要性は増してきています。

小説家、劇作家、ジャーナリストとして身を粉にして腕を磨いてきたゴーリキーは、その技を総動員して、チェーホフが何をどのように語ったかを描き出しました。ゴーリキーが、自身の理想主義的な革命へのシンパシーと響き合う発言に光をあてているのはまあ自然なことなのかもしれません。でも私はふと思います。教師たちが置かれている嘆かわしい境遇について、ゴーリキーはチェーホフを無意識のうちに自分の考えの代弁者にしているんじゃないか、と。ほんとうにチェーホフは一字一句正確にその通り発話したのだろうか。ノートもなく、録音もなく、話し手が異議を唱える機会もない以上、「引用」している作家の記憶と表現力を信じるしかないわけですが。

実際にチェーホフはこのとおり語ったのだろう、と感じられるのは、ゴーリキーが自分自身の声に焦点を移したときに、彼の声のトーンが明らかに変化しているからだと思います。ゴーリキーは深い哀悼に沈んでこの文章を書いたと思われます。なにしろ友人を亡くしたのですから。でも私にはある記憶がよぎります。チェーホフが若手作家ゴーリキーに宛てた最初の手紙で、ゴーリキーの文章に熱い称賛を送りながら、しかし描写や感情を注意深く抑制するようにと忠告したことを。「君はまるで劇場の観客みたいに、自分もまわりにいる人も何も聞こえなくなるくらい、いささか喜びの声をあげすぎるところがあります」。その一年足らずあとチェーホフは彼に手紙を送りました。「もうひとつアドバイスです。校正刷を確認するときには、名詞や動詞を修飾する表現を可能なかぎり削ぎ落とすといいよ。修飾語がたくさん出てくると、読者は頭がこんがらがって、疲れてしまいますからね」

チェーホフが指摘したゴーリキーの声が持っているふたつの基本的な側面は、今私が引用した短い段落でも顔をのぞかせています。すなわち、描写をこってりと上塗りするような喜びや賞賛の強調、臆面もない修飾語の多用です。でも、チェーホフは、ぴりっと批判の効いた提案をする中で、作家の独特の声は意識的に調節でき、鍛えることもできるし、改善していけるとも示唆しています。この章では、まず他者の声を表現する方法から始め、そのあと自分の声に磨きをかけるための戦略を考えてみます。

声の響き

人の声がするそのときどんなことが伝わっているか、ちょっとだけ考えてみてください。声の音色や質感だけでその人の個性や雰囲気が感じられますよね。ふたたびポール・オースターの事例を取り上げましょう。父親が亡くなってから数週間が過ぎ、彼は父親の声を思い出そうとします。

父の話し方はまるで孤独から何とか立ち上がろうとしているみたいだった。彼の声は錆びついているみたいだった。話すという習慣をきれいさっぱり忘れてしまったみたいに。「えー」「うー」が多く、咳払いをし、しゃべっている途中で舌がもつれてしまうことが間々あった。彼の居心地の悪さが、相手にまではっきりと伝わってきた。

オースターが外的な音の質感を内的な状態と結びつけて記述していることに注目しましょう。そして次に、あなたが表現したい人物の声を自分の中に聞いてみてください。その人物の言葉そのものよりも、全体的な雰囲気とか、話し方から伝わってくる人柄みたいな部分に注意深く耳を傾けてみてください。

✍「彼女／彼（たち）の話し方は……」と書き始めて、ある人物の独特な声を描写してみましょう。声色、声の抑揚、リズム、特徴的な間（ま）、身振り、耳を傾けているあなたの中に起こる感覚なんかに触れてください。

チェーホフはどのような話し方をしたのでしょうか。ゴーリキーは「深く、優しく、静かな声」と書き、ネミロヴィチ＝ダンチェンコは「深い金属音を伴う低音」と書いています。モスクワ芸術座の女優リリン夫人は「そっと撫でるようなバリトン」と述べ、女性に対する魅力性を語っています。笑い声を取り上げている人もいます。オリガ・クニッペルによると、チェーホフは面白い話を「頬杖をついて、薄い髭をむしりながら」聞くのが大好きで「急に心底おかしいという感じでげらげら笑い出しました。そんなとき私はしばしば話者の話が耳に入らなくなり、ただじっとチェーホフの顔を眺め、幸福な気持ちになるのでした」。コンスタンチン・スタニスラフスキーは短編集の校正をしていたチェーホフを訪ねたときのことを書いています。チェーホフは自作の登場人物と再会し、「上機嫌に笑い声を立て、その豊かなバリトンでアパート全体を満たした」そうです。

言うまでもないくらい自明なことなんですが、これらの同時代人たちのほとんどはロシア語の話者です。ネミロヴィチ＝ダンチェンコはチェーホフの話体が「純粋にロシア的で、純粋に大ロシア人的な口語の気配を漂わせ、声の抑揚はしなやかで、ときにわずかに音楽的な響きさえ帯びるけれど、感傷的なところはひとかけらもない」と書いています。声の響きをそんなふうに正確に「聞き取る」には、ロシア語の響きに精通している必要があります。そして、当時の人びとが話し方にどういう意味を込めていたのかそこまでおさえておく必要があります。

ある言語がどんなふうに聞こえるか、それをちゃんと説明するのはとてもむずかしい作業です。でも良いお手本があります。ナポリの都市部の貧しい人びとの声について書いているエスノグラファーのトーマス・ベルモンテの文章です。

ナポリ人が話すとき、その声は厚く、ハスキーである。そのため女性の声も男性的に響く。その声は荒々しく、速く、外に向かって流れ、まぎれもない言葉の急流となる。その中には音楽のしらべがある。遠くからものうげに流れてくる水の音楽がある。いちばんシンプルでよく使われる呼び声「グアグリュー、ヴィエン アッカ（少年よ、ここに来なさい）」の中にさえ、歓喜と憧れと悲しみの複雑なオーケストレーションが存在する。なにしろ、この呼びかけは衝動的な喜びの音の爆発で始まるのだ。そしてそれは途中で懇願に変わり、低く悲痛なうめき声となり、消えていく。

一般的な声色、声色とジェンダーの関係、発話の流れ、そしてそれが呼び起こす感情をベルモンテは生き生きと再現していますね。

「その声の中には……」と書き始め、ある言語、方言、アクセントに触れながらその音の特徴を説明してみましょう。それらの音は、階級や地域性とどのように結びついているでしょうか？　水の流れの比喩を用いるとしたらあなたはその音の動きをどんなふうに記述しますか？

もし、あなたが複数の言語を話す人たちと関わっているのなら、言語を切り替えるときに彼らの声が――そしておそらく彼らの人格や性格も――どのように変化するかというところまで説明してみてください。あるいは自分が言語を切り替えるとき、どのように自分の声が変化するか振り返ってみてください。

キーワード、キーコンセプト

ベルモンテはナポリで最もよく繰り返されるフレーズとして「少年よ、ここに来なさい」を挙げています。キーワードやキーフレーズは、言葉の音響的な側面にわけ入るための入口になっているだけでなく、ある集団や小集団の価値観や特定の歴史的瞬間に接近するための入口にもなっています。ケン・キージーとメリー・プランクスターズ――一九六〇年代アメリカのカウンターカルチャーにおいて「アシッド・テスト」（LSDの集団体験）をおこないながら旅をしていたグループ――に焦点を合わせている、トム・ウルフの著書『エレクトリック・クール－エイド・アシッド・テスト』の一節を取り上げてみましょう。

ヘイト・アシュベリーではシング（モノ）が主要な抽象語だった。主義主張、ライフスタイル、習慣、傾向、原因、性器、それはあらゆるものを意味した。シング、そしてフリークも。「スチュワート・ブランドはインディアン・フリークだ」「星座、それが彼女のフリークだ」というように、フリークはスタイルや強烈なこだわりを指す。あるいは単にコスプレした頭部を指す場合もある。否定的な意味あいはない。それはともかく、ちょうど数週間前彼らはカリフォルニアでＬＳＤが違法となった日をおちょくるみたいに、ヘイト・アシュベリーへと続く丘のふもとゴールデンゲートパークで最初の大規模な「ビー・イン」を開催した。すべての部族、すべての共同体から人びとがやってきた。すべてのフリークが集まり、自分たちのシングにいそしんだ。ヘッドの名はマイケル・ボーウェン。何千人もが盛装し、鐘を鳴らし、詠唱し、恍惚とした表情を浮かべ、踊り、さまざまな方法で心を飛翔させ、警官に風刺の効いた身振りで花を渡し、彼らを甘く優しい愛の花びらで埋め尽くした。ああ、トム、なんてこった。シングはとてつもなかったよ。意識が、ぶっ飛ん（フリーキング）だんだ。

ウルフの語り口が説明から模倣へと軽妙に移行していて、かっこいいですよね。彼は「シング」や「フリーク」という語の意味的核心に焦点を合わせ、いったいどんなふうにフリークたちが「ビー・イン」で自分のこと（シング）をおこなったのかを述べています。六〇年代後半のサンフランシスコでヒッピーであるとはどういうことか、それをめくるめくサイケデリックなヒッピー語の流れに乗せて語っているんです。

人びとが自分たちのしていることを説明するときに使うキーワードをピックアップしてみましょう。「……では……が主要な語だった」と書き始めてください。その言葉の社会的背景を説明し、その言葉が使われている発言を最低でもひとつ引用しましょう。その言葉が複数の意味を持つ場合、あるいは意味が変化する場合はその意味の拡がりを捉え、それがどのように文脈を形成し、あるいは文脈によってどのように意味が決定されるかを考察してみましょう。

長年にわたりエスノグラファーは人びとが自分たちの生活する現実をどう捉え、分類しているかを理解するために言語に着目してきました。翻訳や説明が介在することを割り引いて考えても、人びとが使っているキーワードは決定的に重要です。でも、これらの言葉を提示するとき、からみ合う薮の中に迷い込んでしまったみたいなやっかいな問題を一つ一つ解決していくことが必要になってきます。キーコンセプトや独特な話し方は原語で引用しなければならないのだろうか？　そうやって読者を語彙的になじませていくべきなのだろうか？　それとも初出で原語を示したその後は訳語を使うのがいいのだろうか？　その場合、用語集が必要？　私の博士論文（『ストーリーテラー、聖者、いたずら者』という私にとっての初めての本になりました）では民話の翻訳の正確性を期して、ヒンディー語の単語やフレーズを随所に記載しました。物語を語る聖人スワミジの独特な話し方を感じてほしかったから。そして、ヒンディー語を知る読者には、彼の言葉をそのまま受け取ってほしいと思ったから。ところが、優れた言語学者であり、翻訳家であり、詩人であり、民俗学者であるA・K・ラマヌジャンは私に向かって「いささか人類学的すぎるのではないか」と優しく指摘しました。そこかしこに原語の単語がちりばめられているのは人類学者の神経質な部分が顔をのぞかせているようで、翻訳文の美的完成度が損なわれかねない、と。半分くらい嬉しい気持ちでした。人類学者のように書きたいという私のひとつの願いが果たされたからです。だけどもう半分は「このままではいけない」と思いました。文学の目利きからすると、私の翻訳は不格好に見えているわけですから。ラマヌジャンは私に、友人であるウルミラ・デヴィ・スードの民話を一冊の本にまとめるよう提案してくれた人です。『暗い月夜の月曜日』では、私はパハーリー語の括弧書きをあまり使いませんでした。だけど彼女がよく口にする単語、たとえばいつも彼女が物語に一区切り入れるときに繰り返し使う「バス（bas）」（直訳すると「十分（enough）」）などは、そのまま引用すると、うまく彼女の話体の持ち味を引き出してくれると判断しました。草稿ではenoughを使いましたが、のちにbasに戻しました。私の翻訳の根底にあるパハーリー語の味わいを読者に届けるためのささやかな工夫でした。

　エスノグラフィーでは、人びとの声はおおむね集団単位で取り扱われます。一般的な文化パターンを提示するという目的のおかげで、声の個別性は塗りつぶされてしまいがちです。「トロブリアンド人はこう言っている……」といった具合に。ところが、いったん個別の声に解釈や説明が向けられると、読者は、エスノグラファーがどんな対話を持ちながら文化にまつわる知識を得ることができたのかそのプロセスを身近に感じ取ることができるようになります。また、他者の声に耳を傾けることは、執筆の過程においても直感を授けてくれます。本やエッセイ、助成金申請書の書き出しに悩んだとき、私はフィールドノートをぱらぱらと開いて、読んでみます。自分が書きたいテーマに関連する声が見つかると、その発話の引用から書き始めます。とくに、好きな人物の声だったりすると、それは友達みたいにあなたにそっと寄り添ってくれて、不安な執筆の第一歩を踏み出すことができます。そして、私のテーマに関心を持っている人が私以外にもいるという事実を、冒頭部分で読み手に無理なく理解してもらうことができます。

✍ **あなたが書こうとしている議論のテーマに関連している他者の声を探し出してみてください。そしてその一、二行ほどの声を、イントロダクションの中に落とし込んでみてください。**

ナンシー・シェパー゠ヒューズの『涙なしの死』は読者を、ブラジル北東部に暮らす貧しい都市生活者たちの過酷な世界に引き込みます。彼女は主に子どもの死亡率と母親の乳児への愛着に注目し、欠乏と死がどれほど大きな代償を人びとの生活にもたらすのか克明に描き出しています。ある社会運動団体の女性たちがフォメ（飢え）とネルボス（「疲れ、衰弱、過敏、震え、頭痛、怒り、恨み、悲しみ、寄生虫感染症……そして飢え」を意味します）が概念としてどのように異なっているのか説明している場面が出てきます。シェパー゠ヒューズは「ネルボスと呼ばれているものの大半は私には飢えに見えるわ。つまりそれって飢えが引き起こす神経症のことでしょ」と指摘して会話を切り出します。

「いいえ、あなたは頭がこんがらがっているわ」彼女たちは笑って首を横に振った。「ネルボスとフォメはまったく別ものだよ」とビートリスが説明を試みた。「フォメはこんな感じ。病気がひどくなってフェイラまで行き着くと、半ば気が狂っているような状態になるの。胃痛に襲われ、ぶるぶる震えて、神経過敏になって、目の前に斑点や明るい光が見えるようになり、耳の中ではブーンという音が鳴っている。やがて彼女は飢えのせいで気を失ってしまう。ネルボスはそれとはわけが違う。弱さや頭の中の心配事や動揺からくるものなの。眠れなくなって心臓が異様に高鳴り、手が震える。しばらくすると足も震えてくる。頭痛がすることもある。最終的には足の力が抜ける。立っていられなくなってその場に倒れこんでしまう。気を失うわけ」

「で、その臆病風の原因っていったい何なの?」

「そんなふうになるのは、こんな私たちだから。つまり、貧しくて弱っているから」

「そして、飢えているから?」

「そう、私たちは飢えてもいる……そして病気でもある」

「それじゃあ臆病風と飢えとネルボスは同じものだったりするの?」

「いいえ、ぜんぜん別もの」

「それなら、もっとちゃんと説明してよ」

アイリーンがあわててビートリスに助け舟を出した。「フォメはおなかの中から始まる。それからだんだん頭のほうまであがってきて、めまいがしてきて、方向感覚や平衡感覚がなくなってしまう。おなかに何か食べ物を入れさえすればすぐに治るわ。震えもおさまる。ネルボスは頭の中から始まる。そして、心臓とか肝臓とか足とか、それこそ身体中に移動することができる」

シェパー＝ヒューズが文章中に自身の鋭い分析的な声を取り込んでいること、一緒に話をしている女性たちに詳細な説明を求めていること、そして、会話文が引用されているにもかかわらず「言った」という動詞がいちども使われていないことに注目してください。女性たちは詳しい説明を重ね、会話は進行しています。この章では、慢性的な飢餓にともなう社会的な病気としてのネルボスをめぐる衝撃的な事例がつぎつぎと出てきます。シェパー＝ヒューズの結論はこうです。「ネルボスは貧しい人びとによる、自分たちの身体と彼女たちの活動量と健康を削り取ってきた労働についてのいささか不明瞭な、それでいて批判的な考察なのだ」

✍ **人びとがあなたに何かしら概念的なことを説明している長めの会話を提示してください。会話の中にあなた自身の質問も入れ込みましょう。**

抜粋したシェパー＝ヒューズの文章は、鮮やかな散文形式で書かれています。声を再現しようとするエスノグラファーたちはこれまで、書き起こし（トランスクリプト）、戯曲、詩により近い形式なんかも実験的に取り入れています。

会話とパフォーマンスを書き起こす

会話の再現方法はさまざまです。記憶の中にある言い回し、その場であるいは事後的に書き留めた記録、そして、一見、最も包括的かつ正確に発話を保存しているように思える録音なんかを使って。これらの方法を組み合わせれば、それぞれの弱点を補い合うように働いてくれます。たとえば記憶やメモは文脈や、口に出して語られなかった細かな物事（ジェスチャー、聴衆、周囲の出来事など）を拾い上げることができるし、録音は正確な記録が可能です。でも、それを書き起こすことはまた別の課題になってきます！

私の場合、録音データ一時間分につき、書き起こしに（最短でも）四時間かかります。沈黙、訂正、横槍、言いよどみ――「うーん」「というか」「ほらあのさ」「いやあ」「ええとさ」「でしょ？」――まで残らず書き起こすべきか？　言語学者や社会言語学者が細大漏らさず転記するのは会話分析のためです。でも、あくまでも会話の内容を伝えることが主眼であるのなら、とりとめのない日常会話の再現で読者を混乱させてしまうようなリスクは避けたいものです。「どのように語っているか」については さっと概説し、微細な情報は編集にかければいい。なぜその方法を選択したのかをどこかに明記しておきさえすればどんな方法をとってもいいでしょう。長文の書き起こし――そして翻訳――をベースにする作品の場合、〈原語で書かれた短い文章〉と〈沈黙や繰り返しを含んだその直訳〉と〈滑らかな翻訳文〉を併記するという方法もあります。

ケビン・ドワイヤーの『モロッコの対話――人類学を問う』という作品は、他者の言葉をどのように伝えるべきかについて考察しています。他者の言葉を断片的に抽出したり切り刻んだり並べ替えるのではなく、インタビュアーの存在もカットせず、ありのままに完全なかたちでひとつらなりのものとして提示するにはどうしたらいいのか。そのような方法論的、理論的、倫理的な問題をドワイヤーは取り上げています。研究するという行為そのものがある意味において研究者に権力を与えています。どんなテーマを選び、どのように他者との対話を進め、最終的にそれをどうまとめるかは研究者に任されているからです。ドワイヤーは知識が共同で生み出される対話をそのままのかたちで示すことで、その対話の中に存在する権力関係を明らかにしています。インタビュアーが口にしたのは洞察に満ちた質問かもしれないし、無神経な質問かもしれない。見当違いの質問かもしれない。いずれにしても対話の全体を提示することで、インタビュアーは自分が発した誘導的な疑問文に対する責任をより明確にできます。読者もまた、要約された結論を提示されるのではなく対話の流れを観察することで、資料の意味を理解することに積極的に関与できるようになります。

ドワイヤーが提示しているのは、一九七五年にモロッコの村で友人のファキール・ムハンマドと交わした一一回に及ぶ対話です。それぞれの対話はある出来事がきっかけとなって始まっていて、ドワイヤーはその出来事についても記述しています。書き起こしは文字のデザインを使ってコード化されています。たとえば**主題**は特太文字です。ドワイヤーの**導入的な質問**は太字のイタリック体、ドワイヤーの補足的なコメントや質問は通常のイタリック体で表記されます。ファキールの回答はすべて通常の字体です。ドワイヤーは夏に村を去りますが、そのときの最後の対話の一節を見てみましょう。

私の行動についての理解……

私はここでいったい何をしていると思いますか？　説明していただけませんか。

その答えは君がとっくに話してくれた。だから僕はちゃんとわかってる。君はいろいろ書き留めているけど、それは物事を理解したいからさ。君は多くのことを理解しようとしている。そうすれば他の人たちにも、つまり、君が教えている学生たちにも教えてやれるからね。僕が理解しているのはそんなところだよ。

なるほど。ではこれからいろいろなことをあなたに尋ねます。**あなたにとって私たちが話す中で最も重要なテーマは何ですか？　あるテーマについては「だいたい、こんなことを長々と話していったい何になるんだ」とあなたは胸の中で言っているかもしれません。逆に「ああ、これはまぎれもなく面白い話だ」と感じることもあると思うんです。**

僕としては、君の質問にはひとつとして関心はないよ。それらの質問は君の目的に役立つものであって、僕の目的にかなうものではない。質問に対する答えを僕が考えようとするのはね、小さな質問であろうと大きな質問であろうと、君のためだよ。僕自身のためというわけではなくて。

では、あなたは私に何を聞いてほしいですか?

何でもいいさ、蛇のことなんか聞けばいいんじゃない。

他の場面と同じようにここでもまたファキールは辛抱づよくドワイヤーに付き合ってあげているわけです。彼は、すべての質問が調査者の目的に即して発されているということをインタビュアーに伝えています。

あなたが開始者となった会話を書き起こしてみましょう。メインの質問と補足的な質問を区別しながら、それに対する答えもあわせて書き出してみてください。

場合によっては、演劇という形式がしっくりとくるかもしれません。興味深い余談なんですが、チェーホフはしばしば他の作家に劇作に挑戦するよう勧めていました。スーザン・シーザーは、南インドのタミル・ナドゥ州の演劇におけるジェンダーと周縁化をテーマにして本を書いていますが、その初めの方で、ジェンダーをめぐる男性俳優との会話の場面が出てきます。シーザーは演劇の形式を使っています。

時：一九九三年三月の昼前

登場人物（登場順）：スーザン・シーザー（アメリカの人類学者、三〇代前半）、P・S・ナガラジャ・バガヴァッタル（『スペシャル・ドラマ』の名優、七〇代半ば）、ヴァイユール・ゴパール（彼の友人、これまた素晴らしい俳優、六〇代前半）

シーン：南インド・タミルナドゥ州オタカダイ（マドゥーラ郊外のエレファント・マウンテンのそば）にあるバガヴァッタル氏のつつましいバンガローの居間。参加者たちはセメントの床の上にあぐらをかいて座っている。暑い日なので戸は開け放たれている。バガヴァッタル氏の妻は会話のあいだ中隣の小さなキッチンで料理をしながら忙しそうに部屋を出たり入ったりしている。近所の数人の子どもたちは開け放たれた戸口にたたずみ、質問者のことをじっと見ている。

シーザーの脚注の説明によると、会話は主にタミル語でおこなわれました。イタリック体で表記されているのは英語の発話です。／／は中断を意味し、括弧付きの数字は休止の長さ（秒）を示しています。

スーザン・シーザー（SS）：さっき興味深いことをおっしゃっていましたね。「男女は平等になるかもしれないが、それはタミル文化の終焉となる」と。そうおっしゃいましたね？

ナガラジャ・バガヴァッタル（NB）：そのとおり

SS：だけど何とかしてタミル文化を維持しながら私たちは道を見つけなければなりません！　女性と男性が平等でありながら同時にタミル文化を存続させる方法があるはずです

NB：いや、違う！　その平等はすでにやって来ている、今の時代に

SS：ほんとに？

NB：ああ、そうだよ、すでにそうなっている。オフィスでは男女が一緒に働いている。みんな一緒に、男性も女性も一緒に働いてるよ／／

ヴァイユール・ゴパール（VG）：それは外来だね。それこそが外来という意味だ／／

NB：そう、外来だ／／

VG：まさしく外来の文化だ

SS：［動揺して］タミル文化を存続させましょう。タミル文化を維持しましょう。しかし、その中のたったひとつのことを変えましょう

[1.0]

VG：平等はすでにやってきているかもしれんが、いずれにしろ男たちは自分の立場をまず手放さんだろうな

会話は続きますが、研究のアイデアがどのように受け止められているかこの会話を通して感じ取っていただけると思います。

あなたの作品構想のキーとなる会話を特定してください。それを劇の形式で表現してみましょう（またはあなたが書いている人びとが好む別のパフォーマンス形式があればその形式を試してみましょう）。

話者が観客を引きつけるために芸術的に語っている場合、強調、ジェスチャー、劇的な間を完全なかたちで示すことがとても重要になってきます。デニス・テドロックはズニ人とマヤ人の資料を用いて発話の転記法を開拓しながら、言葉とパフォーマンスの美的形式を伝えています。テドロックの方法では、沈黙が生じるとそこに改行が入ります。文字と文字のあいだのスペースは速度が落ちていることを示しています。太字は大声を示しています（小さな活字は音量の低下を示します）。一秒半以

上の沈黙はストロペで示されています。〔訳注：「小さな活字」と「ストロペ」の使用例については Tedlock 1993 を参照。〕

テドロックの『鏡の上のブレス』から一例を紹介しましょう。現代の司祭シャーマン、ドン・マテオは山頂で三人のエスノグラファーと一緒にいるとき、マヤ独特の言い回しで、アダムとイブがどのように作られたかについて説明しました。テドロック（本の中にはドン・ディオニシオとして登場する人物）はこれをテープから転記し、キチェ語とスペイン語の発話を英語に翻訳しました。物語部分は字下げ（インデント）され、語りについての情報――身振り、聴衆のようす、テドロックの補足的な説明も含む――は左の余白に記述されています。以下の抜粋は、眠っていたアダムの肋骨からイブが作られた直後の出来事です。目を覚ましたアダムは「ゆ っ く り と」彼女の存在に気がつき、逃げようとします。**悲鳴をあげながら！**

彼は**そのとき**そこに女性が腰掛けていることに気 が つ き、
びっくりして、逃げ出そうとした。
それから
「い や あ あ、アダム、待って、アダム、聞いてないの？ イエス・キリストが私をあなたのもとによこしたのよ。
私はあなたの仲間なのよ」
「う わ あ あ あ！

あっちに行ってくれよ、
僕からもっと離れて」しかしほんの二本の紐の長さくらいしか彼女は離れなかった……
紐というのはこの山地独自の単位で、およそ二〇ヤードである。

……だいたい
紐二本分とかそんなもんだ
二〇ヤード
言い換えれば……
うむ、なんだかよくわからん

「彼は怖がっていたんだね」とドン・ディオニシオが言い、ドン・マテオが彼は怖がっていたと答える。

「ア　ア　ア
まあ！　まあ！　まあ！　落ち着いてよ。キリストがあなたのところに私をよこしたわけ。あなたの友だちなのよ、私」

✍ テドロックのスタイルを使って場面描写の一部を書き起こしてみてください。次にそれを声に出して読み、書き足すべきところがないか確かめてみましょう。それから、誰か別の人にあなたの書き起こしを読んでもらってください。他に書き足すべきことはあるでしょうか?

これらの三つの例は、録音機器に記録された声を文字起こしする方法を示しています。どの形式があなたの感覚や書こうとしている文章にいちばんしっくりくるか、それはあなた次第です。あなたが書こうとしている人たちに、形式についての意見を求めるのもひとつの手だと思います。可能なかぎり、実際の発話者たちと原稿を共有してみてください。そうすれば、あなたが文章を推敲するときと同じように、彼らも話し手として文章を整える楽しさを味わうことができますからね。

引用と置き換え(パラフレイズ)

私たちの周囲で交わされる会話を一語一句再現するのは明らかに非現実的です。仮に再現できたとしても、興味深い作品にはまずならないと思います。置き換えが効果的なのはどんな場合でしょうか? 直接引用でなくてはならないのはどんな場合なのでしょう? 誰が何をいつ言ったのかを明示することが、たとえば先住民たちの土地の権利をめぐる訴訟のように、証言としてのエスノグラフィーの価値を高めるのはどんな場合でしょうか。そして、逐語的な引用を提示することで、本人や集団が困惑させられたり危険にさらされたりする可能性があるのはどのような場合でしょうか。繰り返すようですが、こうした問いは新しく作品に取りかかるとき、そのつど考えていかなければいけません。

人類学の中にはライフヒストリーというジャンルがありますが、他人の実際の言葉を再現することに最も力を注いでいるのがライフヒストリーです。通常、人類学者たちはある人物の話し言葉（時には書き言葉）を編集し、並べ替え、文脈を整理することによって脚色し、変換しています。引用されるのは言葉全体の一部にとどまり、他の部分は要約されます。ルース・ベハールはメキシコの行商人エスペランサのライフヒストリーを出版するとき、オリジナルの発話にどのように手を加えたかを述べています。彼女は私たちに、フィールドワークの資料をわかりやすくて説得力のある物語に仕上げるには、文学的な芸術性も大事だということを思い出させてくれます。

> 言葉のネックレスをほどき、それをふたたびつなぎ直す。何時間ものとりとめのない話を、優雅な文や段落に装い直す。発話の流れをカットし、ときどき劇的な効果を持たせるために、実際に発話が終わりを迎えるよりもずっと手前で休止をさしはさむ。私はもはやフィクションとノンフィクションの境界線のどこに自分が立っているのかわからなくなってくるのだった。

人類学者の美的選択が働くよりも前に、語り手自身の美学や文化的慣習が、彼らの経験の語りに強い影響を及ぼすということも起こっています。ベハールは怒りや苦しみや救済というテーマがエスペランサの語りをどのように形作っているかを示しています。そしてエスペランサの人生、ベハール自身の人生、そして彼女の解釈を、これらのテーマに沿って整理しています。同様に、ジョアン・マルケイはメキシコ系アメリカ人の伝統的治療師エヴァ・カステジャノスの人生を記録するという仕事に打ち込みながら、エヴァが癒しの実践において用いるメタファーを胸に刻みました。そして、このメタファーがマルケイ自身の叙述を導きました。『レメディオス』では、ライフストーリーが展開していく各章の冒頭に、困難とその解決策をメタファーで表現したエヴァの言葉が置かれています。

ローレル・ケンドールの『韓国のシャーマン――人生と試練』には「ヨンスの母」と呼ばれる女性シャーマンが登場します。生涯を通じて彼女は自らの失望を、他の女性たちにとっての善き物語に昇華させて語ってきました。彼女の語りを聞くために集まった聴衆の列にケンドールも加わりました。彼女は言います、「ヨンスの母の話は、私が初めて聞いたときにはすでに一度ならず語られており、私が現地を離れたあともずっと語り継がれるだろう」。調査のためにケンドールと彼女のフィールド・アシスタントがヨンスの母に接触したときの情景が、引用と要約を織り交ぜながらどのように述べられているか見てみましょう。

彼女は楽しげに私たちの質問に答えた。私のアシスタントは自己風刺的なくすくす笑いがとまらなくなった。

避妊はしていますか?

「あたしゃ鶏かい? お相手がいなくて卵が産めて?」

そんな感じで話は続いた。彼女の心配の種は連れ子である一九歳の息子のことだった。彼は学校をやめてしまったので、彼女は彼のために牛を買い、それを育てさせた。でもその後、彼の姉（あのビッチ）は彼をそそのかし、自分の身代わりとして働かせた。牛とともに取り残されたヨンスの母は、損をかぶる形で牛を売り払った。彼女は義理の子どもたちから恩を仇で返され傷ついた。自分の家族のことを思い返すとき、彼女の中にはもっと古い裏切りの記憶がよみがえってくるのだった。彼女の父親が葬儀の宴席で目には見えない超自然的な矢（クヌン・サル）に射られ亡くなったとき、彼女には父の死を少しも悲しいとは感じられなかった。彼は妾を持ち、自分の子どもたちにつらい思いをさせてきたろくでなしだったからだ。

この抜粋には直接引用がたった一行しかありません。でも、それをケンドールは要約の中に見事に織り込み、その一行でヨンスの母の快活な言い回しを表現しています。

✍

印象的な引用を交え、その語り手が言ったことを本人の口調で要約しながら、そのときの会話を描写してみましょう。あるいは、一連の会話の中から一本の明るいやりとりの糸をたどって印象深い発話をひとつだけ直接引用してみましょう。

ポール・ストーラーとシェリル・オルクスの『魔術師の影で』から抜粋しましょう。ニジェールで魔術師として修行したストーラーのメモワールです。

調査も終盤にさしかかった頃、僕はアブドゥ・カノという背の低い猫背の店主にインタビューした。彼が微笑むと、その口もとから、虫歯のせいですべての歯が抜け落ちてしまっているのが見て取れた。私は四つの言語（ソンガイ語、ハウサ語、フラニ語、タマシェク語）が話せるよ、とアブドゥは言った。アブドゥとのインタビューが終わって僕は隣の店に行き、アブドゥと同じく店主をしているマハマネ・ブーラに話を聞いた。いくつの言語を話すことができるかと彼に尋ねた。

「ああ、私は三つの言語が話せる。ソンガイ語とハウサ語、それにフラニ語さ」

言語について話していると、アブドゥは何カ国語を話せるか知っているかとマハマネが聞いてきた。

「アブドゥは四つ話せるって言ってたよ」

「え！　あいつほんとはふたつしか話せないよ」

「えっ、ほんとに？　嘘つくなんてひどいや！」僕はすくっと立ち上がった。

僕は顔を真っ赤にしてアブドゥの店に駆け戻った。アブドゥは微笑んで僕を迎えた。

「やあ、ポールさん。今度は何をお求めかな？」

「アブドゥ、マハマネから聞いたんだけど、君が話せるのは二言語だけだって？　ほんとかい？」

「うん、そうだよ。私が話せるのはふたつだけだよ」

「どうして四つだなんて答えたりしたの？」

アブドゥは肩をすくめてにっこりした。「何か問題でも？」彼は少しのあいだ遠い目をした。「ねえ、ポールさん、マハマネはいくつ話せるって言ってた？」

「マハマネは三つの言語を話せると言ってたけど」

「ははは。実際の話、マハマネが話せるのはひとつきりだよ。ソンガイ語だけ」

「えっ！」

僕は頭から湯気を立ててマハマネの店に戻った。

「アブドゥは君が話せるのはたった一言語だって言ってた。でも君は三つの言語が話せるって言ったよね。本当のところどうなんだ？」

「あぁ、ポールさん、アブドゥの言うとおりだよ」

「でも、どうして僕に嘘をついたりしたのさ？」

「何か問題でも、ポールさん？」


このやりとりがエネルギーに満ちているのは、ひとつには事態のスピーディな展開のおかげです。もし、こんな長々とした会話の一言一句が書き起こされていたら、たぶん読者はこの出来事のコミカルなポイントをつかみ損ねてしまうでしょう。優れたストーリーテラーであるためには、時として、物語の展開にとって重要な会話だけを抜き出す才覚が求められます。

✍ 複数の相手と話をしてあなたが身につまされた会話の展開を再構築しながら、そこに自分自身の反応も盛り込んでみてください。

間（ま）、ガードが堅い言葉、ベールに包まれた言葉

エスノグラファーははっきりと述べられた言葉とか、きちんとした説明なんかにわりとあっさり心を寄せてしまう傾向があります。でも、語りのリズムとか間（ま）の取り方とか、語られないということの効果についてはどうなのでしょう？　熟練の腕の冴えを見せる作家は、わざとじらすように核心には触れないという方法をとることで、あるいは暗示などを使って、はっきりとそのものずばりを描写するよりも豊かな情景を呼び起こすことができます。ふたたびチェーホフに話を戻しましょう。モスクワ芸術座の共同設立者で名優かつ演出家でもあるコンスタンチン・スタニスラフスキーは、戯曲におけるチェーホフは「自分の考えを演説するのではなく、間合いとか行間とか、あるいはほんのひと言の返事だけでそれを表現する」と回想しています。スタニスラフスキーは『三人姉妹』の初演時にチェーホフが手直しした箇所について詳しく述べています。初稿には、登場人物のアンドレイが妻のことを二ページにわたり独白する場面がありました。でもその後、ヤルタに滞在していたチェーホフから改稿が届きます。

そのモノローグの部分を全部削除して、次の五文字に書き直すように、と指示が入ったんです。

「妻は妻だよ！」

よくよく見直してみると、二ページのモノローグで語られたことのすべてが、この短いフレーズに集約されていることがたしかに了解されます。チェーホフの特徴がここにはっきりとあらわれています。チェーホフの文章は常に簡潔で、意味がそこに凝縮されています。一語一語に複雑な感情や考えがしっかりと込められている。説明が明示的に与えられずとも、自然とそれらが心に浮かんできます。

文化的な慣習により忌避される話し方があります。たとえばシベリアのエヴェンキ人——伝統的にはタイガで暮らすトナカイ遊牧民でしたが、ソビエトの植民地化によって集団農場を組織するよう強制されました——のあいだでは、感情を抑制して話すことが重視されています。ピアーズ・ヴィテブスキーは『トナカイの民』の中で次のように述べます。

僕は何度も耳にした。言葉を無造作にばらまいたり、乱暴に投げつけることの危険性について。大きな声で話し、歌ったためにタイガの怒りを買ってしまった人びとの話や、テレビが村に入ってきたとき、家族に向かって怒鳴り声をあげるドラマのシーンを目の当たりにし、そのせいでロシア人、そしてのちにはアメリカ人に対する敬意が損われたという話。鋭利な、むき出しの言葉はそれ自体の力を帯び、呪いのように人を殺すことさえあるのだ、と。

ヴィテブスキーはエヴェンキの人びとがよく口にする警句を整理したあと、ある物語をその人が実際に話してくれた言葉で語り直すことで、その物語の持つ力を引き出しています。

ある村人がかつて僕に話してくれた。「農場のボスと私は長いあいだ対立していたんだ。ある日、彼が私に対して新たな陰謀をたくらんでいるという話を耳にした。私はあまりに腹が立ったので、つい大声で『あの死にぞこないの老いぼれが！』と言ってしまった。叫んじまったとき、嫌な予感がしたんだ。それからちょうど一年後ボスは死の淵をさまよっていた。彼は私の幼馴染みでもあったせがれを呼び寄せた。せがれはその日放牧に出かける予定だったんだが、父親のそばに留まることにした。ところが父親は死ぬにはあまりに頑健すぎた。その夜、息子が代わりに亡くなった。私の言葉の衝撃を彼が受けとめてしまったんだ」

ヴィテブスキーはこの話の語り手を「ある村人」とだけ記しています。この事例は文化の力だけでなく、政治的なヒエラルキーをあぶり出してもいます。これはただの男の話ではなく、背後にソビエトが控えるトナカイ農場のボスの話です。抑圧的な国家を舞台にした生活記録では、批判の語りをそのまま公表してしまうと政治的立場がさらけだされ、発言者を危険にさらすことにもなりかねません。特定の個人を守りながら現実の政治的な状況をいかに表現するか、それがエスノグラファーの課題になってきます。あいまいな帰属、漠然とした説明、あるいは特定の事実に意図的に手を加えることで、語り手の匿名性を守ることができます。逆に、国家権力が広報官や専門家の語りを使って、自己の正当性を押しつけてくることもよくあります。エスノグラファーはそのような言葉を引き合いに出しながら——説明や対比の技を使って——話し手や政治的立場の偽善性をさりげなく示すことだってできます。

文化的および政治的な制約は、あなたが扱っている話者の声に対してどんな影響を及ぼしているでしょうか？　話し手がいささかあけすけに語りすぎてしまったというような事例を記述しながら、語るべきではないと見なされている事柄がどんな内容を持つものなのかを説明してみましょう。

直接的な会話では口にしづらい感情や話題が、別の形式で表現される場合もあります。ライラ・アブー゠ルゴドはエジプトのベドウィン人のコミュニティで暮らし、人びとのあいだでは名誉と慎みの原則が保持されており、そのため、無力感に打ちひしがれている胸の内を語るのはあまり好ましくないとされていることに気づきました。でも、ギンナワと呼ばれる詩を口ずさむときは「ベールで覆われている」ので、人びとは名誉や慎みを損なうことなく、そのような感情を表現することができます。夫が自分より若い第二夫人と結婚したばかりの中年女性マブルカについて彼女は描写しています。夫は通常よりも長い新婚旅行に出かけ、その後マブルカのもとに食料を持って戻ってきます。必要なものすべてを持ってきたわけではありません。でもふたたび彼は出て行ってしまいました。

彼は銃を持ち、狩りに出かけた。立ち去る彼の姿を見送りながら彼女は私にこう言った、「最後に彼の顔を見たのはもう何年も前のことだわ」。さみしいの、と私は気づかう声で尋ねた。彼女はぶっきらぼうに言った。「まさか。彼が私の大切な人だとでも？　彼のことなんて気にもかけていないわ。どこでも行けばいい」

しばらくして、彼女はいくつかの詩を口ずさんだ。そのうちのひとつは、彼が突然姿をあらわしたことで引き起こされた最近の出来事に対する彼女の困惑を示唆するものだった。もうひとつは裏切りの感情を伝える詩だった。

彼らはいつも私を
偽りの約束で満たして去っていった……

dīmā khalō l-'ag̱l
ʻāmrāt bimwāʻīdhum……

しばらくすると義母とマブルカの親友がやってきて、私たちに加わった。彼女たちは想像をめぐらせ、マブルカの詩に独自に言葉をつけ足し、彼女の感情世界を声で紡ぎ出した。彼女たちは以前、怒りの感情に駆られたマブルカを叱りつけ、からかったことがあった。だけど今は、詩を通して共感的に関わり合い、彼女をいたわっていた。

アブー゠ルゴドは、他の女性たちが連帯感を持って歌った、その痛切な詩を引用しています。彼女はギンナワの詩をアラビア語で引用することで、読者に、翻訳だけでなく原文からも詩の美的な凝縮性を直接感じとることができるようにしています。詩はベドウィンの年配の女性たちに、直接会話の形で立場を明示せずとも自己表現できる場を与えています。実際、人はことわざ、冗談、寓話、民話といった共有された「伝承」の中に自分の感情を託して表現し、個人に降りかかってくる責任を受け流したりするものです。

あなたが対象としている人びとのあいだで、特定の感情や話題を口にするのが好ましくないとされている場合、人びとは現実の中でどうやってそのような感情や話題を表現しているでしょうか？　その場面を描写してみてください。

それから、あなたが書いている、あるいは書きたいと思っている形式をいくつか挙げてみてください。それぞれの形式ではどんなことが制約されるでしょう？　あるいはどんなことが可能になるでしょう？　各形式はとくにどの読者層に受け入れられると思いますか？　こういった点をおさえていけば、あなた自身の声や表現形式の幅が広がってくると思います。

自分の声を育てる

「声」は、なにも話し言葉だけを意味する概念ではありません。書かれた言葉の背後に感じられる存在やメッセージも「声」に含まれます。言葉の選択や並べ方、リズムひとつで、「私」という単語を使わず、自分語りなんかしなくても、何かを語っている人や何かを見きわめようとしている人の姿がそこに浮かび上がってくる。ある種の文章には、磁石のように人の関心を引き寄せてしまう声が響いています。人を釘付けにし、読み続けずにはいられないようにしてしまうような声というものが確かにあると思います。対照的に、半分飲み込んだみたいなつぶやきとか、機械的な朗読とか、名声に彩られた名前や専門用語の繰り返しみたいな文章はいまひとつ魅力に欠けます。

チェーホフはかつてこう述べました。「大きな犬も小さな犬もいる。でも、小さな犬が大きな犬の存在を気にかけなきゃならない理由なんてないんだ。僕たちは天から授かった声で吠えなくちゃ」。作家のイワン・ブーニンを励ますためにチェーホフはそんなふうに言葉をかけました。(チェーホフが敬愛している) モーパッサンをはじめ、他の作家たちはほれぼれするような才能を示しているけれど、めげずに書き続けるように、と (またチェーホフはブーニンに対して、休みなく書き、プロの文章家でいてくださいと助言しました。ブーニンはその後ロシア人として初めてノーベル文学賞を受けました)。

生まれ持った声で「吠える」。その部分だけを見ると、作家はひとつの声しか持たないものなのだ、とみなされているようにも思えます。でも、チェーホフが仲間の作家たちに送った厳しくも心やさしい数多くの手紙を読むと、「吠え声」は成長させることができると彼が信じていたことがうかがえます。作家のターニャ・シェプキナ＝クペルニク（彼女にはリディア・イアヴォルスカイアという美しい女優の恋人がいましたが、ある時期彼女はリディアをチェーホフと共有していました）は、「チェーホフには、他の人の文学的な努力に関心を持ち、心の底から共感する才能がありました」と回想しています。彼女の話では、チェーホフは彼女に「君の作品の主人公を愛するのはかまわないけど、それを決して人に話したりしてはいけないよ！」とか「お決まりの言い回しとか陳腐な表現を避けること」といったアドバイスを送ったそうです。

「自分の声がわからなくなっちゃった」と言ってくる人（たいていは女性です）がときどきいます。まったく書けなくなったわけじゃないんだけど、と彼女は言います。年齢にもよりますが、テストの課題文、レポート、学位論文、それどころか本を一、二冊書き上げたことのある人がそんなふうに嘆いたりするんです。でも、そこにあるのは自分の声じゃないんです、と彼女は言います。昔教えてもらった安全な書き方でこれまで文章を書いてきました。そうこうしているうちに他の書き方を忘れてしまったみたいなんです。彼女は私が提案する文章の練習には喜んで取り組んでいるのですが、「でも他人に向けて無防備な文章を書くのはたまらなく怖いんです」と私に小声で言います。私は彼女と話し続けます。そのうち（多くの場合）彼女は「昔、日記や詩や物語を書いていたの」と打ち明けてくれます。もう一度そんなふうに自分の声で、自分を丸ごと使って書いてみたいと心底思っています、でも今はちょっと……すごく怖いんです。

恐怖は声を押しつぶします。専門的なトレーニングが、声の色や音域をせばめてしまうことがあります。ああしなさい、こうしなさいという外からの要求が声の流れをせき止め、声を地中深くに葬り去ってしまい、その音色を忘れてしまうこともあります。では、ひと筋縄ではいかない人生において他人の期待や要求に応えながら、作家としての自分らしさを手放さないようにするにはどうしたらいいのでしょうか？　生計を立てるための訓練を受け、仕事を続けるという課題に取り組みながら、しっかりと自分の声も保っていくにはどうしたらいいのでしょうか？

声についてどんなふうに書いたらいいんだろう、と思案していたとき、専門的な訓練を受けているプロの歌手ならもしかしていいヒントをくれるかも、とふと思いました。そしてシーラ・ダールのことが思い浮かびました。彼女はヒンドゥスターニー・クラシックの歌手です。同時に素敵な文章を書く作家なんです。彼女の著書『ラガン・ジョシュ――音楽の人生の物語』は、ヒンドゥスターニー音楽と音楽家たちのことを深く学べる私の愛読書ですが、なんと言っても彼女の温かく共感的な声にしびれます。序文でダールは「素敵な出来事は聞いてもらうことによって素敵さが増し、つらい経験は人に聞いてもらうことでつらさが軽くなる」と述べ、自分の人生を長年にわたって友人たちに語り聞かせてきたと書いています。彼女が話したことを書き留めておくようにと、友人たちはすすめました。彼女は文章を書き始めます。やがて「心の中の絵を文章であらわすことは、歌うこととよく似ている」と気づく。「いずれにせよ、それは私を、音楽という形式を通してあるがままの自分を表現しようとするときに私の頭と心の中に姿を見せるあの場所まで連れて行ってくれた」。彼女は説明します。

私にとって歌うという行為は、理想的には、自分のアイデンティティを認識し、強化し、それを古代の音楽言語という厳格な伝統の中で伝達することを意味する。この理想はいつも達成されるとはかぎらないが、達成されたとき、音楽的表現の中に、私の経験してきたすべての出来事における感情の風景が出現する。祖父の髭の感触、子どもの頃に住んでいた家のじめじめした地下室の匂い、師の料理の香り……

心を打つこのパラグラフは、そのあと出てくる章のさまざまなエピソードを予示しながらさらに続きます。ダールは音楽における声と文章の声を関連づけつつ、声を育てるための三つのステップを私たちに示しています。第一に、自己を認識する方法を身につけること。第二に、注意深いトレーニングを通じてこの認識を強化すること。第三に、選択した表現方法における知識、技術、多様な使い道を身体に染み込ませること。

では、作家はこれらをどう実践すればいいのでしょうか？　自己を認識するためには、しっかりと時間をとって、内側に目を向ける必要があります。人並外れて魅力的なダールの師パンディット・プラン・ナートは「まず自分の呼吸に耳を傾け、次に呼吸が体現している自分自身に耳を傾けなければならない」と彼女にアドバイスしました。他の生徒たちはすいすい先に進んでラーガや作曲を学んでいるというのに、パンディット・プラン・ナートは伝統的な早朝の練習でダールに「自分の声を見つけるのが何より大切なんだ」と言って、たった一音――シャダージャもしくはサー――しか歌わせません。彼の教えを、彼女は次のように引用しています。

その音を取って、呼吸とともに静寂の中に音の線を引きなさい。それを光の鉛筆だと思ってごらん。線が揺れたりゆがんだりしたら、そこでそれは捨てて、別の線を引き始めるんだ。完璧な音の線が引けるようになるまで、毎日何時間も、これから一生このトレーニングを続けなければならない。徐々に、その線は君の認識の中に実体をあらわしてくる。それは中心と両側を持つ幅広い帯のように見えるだろう。……このトレーニングによって君はその中心にとどまって音程を保つことができるようになる。音というのは、けっして点なんかじゃない。それは旋律的な広がりであり、探求すべき領域なのだよ。

私はこの一節を何度も読み返しながら、完璧な音の線を、開かれたコミュニケーションの流れとして考えてみました。ただひたむきな練習だけが、自己の認識を強化することだけが、線を、「探求すべき領域」にまで拡張することを可能にします。ヒンドゥスターニー・クラシック歌手の孤独な音の探求は、作家たちが個々に実践している、外部の要求から個人の時間を守るためのルーティーンを思い起こさせます。作家たちがおこなっている多様な訓練方法については、あとがきの「生きるために書く」で詳しく触れようと思います。私の場合、トレーニングとしてできるだけ毎朝、ノートに手書きで少なくとも一ページの文章を書いています（いつもちゃんとできるわけではないです）。ノートにはどんなことを書いてもかまいません。なにしろ自分自身と向き合うための方法なのです。この孤独で内向的な書き込み練習は思考、イメージ、感情、物語を整理するのに役に立っていると私は感じます。日々めくるめく渦のように変動する内的テーマにしっくりとなじむ言葉を見つけるトレーニングは、よりのびやかで自信に満ちた声を鍛え、他の人に向けて文章を書くための声をもたらしてくれていると実感しています。

書くこと、読むこと、聴くこと、話すこと、演じること。これらの日常的な鍛錬は、多彩な声を育むために不可欠です。ダールは秀逸な語り手であり、パフォーマーでもあります。自身の物語においては、完璧に調和した言葉を選択し、他者の言葉を引用するときには、イントネーションや物腰を正確に捉え、インド各地の地域的なアクセントまで見事に再現します。歌手としても彼女はものまねの達人です。彼女と同じカヤスタ社会からやってきた新婦が歌声を披露しようとして音を外してしまう場面を演じるのですが、これがじつにリアルです（偉大なアーティストのベガム・アクタールはダールを伝説的な歌手ウスタッド・ファイヤーズ・カーンに引き合わせたとき、ダールにこの歌を歌わせました。意図的に音を外す彼女の歌唱技術に感心したカーンは彼女を弟子として受け入れることに決めました！）。

あなたの作品構想と関わりを持つ書き手の中から特徴的な声を持つ人を選んでください（かならずしも尊敬する人である必要はありません）。言い回しや言葉のリズムという面でこれは特徴的だと感じる一節を選んでください。そして、その人が伝えようとしていることを、あなた自身の言葉や声を使って置き換えてみましょう。そのあとで、その違いをじっくり比較してみましょう。

専門用語をふんだんに盛り込んで書かれた文章を選んだ人へ。社会学者C・ライト・ミルズがタルコット・パーソンズの『社会システム』(当時とても権威があった学術書です)を、文章を抜粋しながら軽妙に紹介しています。パーソンズを中心に論じているミルズの自著『社会学的想像力』の「グランド・セオリー」の章なんですけど、一読をお勧めします。パーソンズの、ほとんど理解不可能に思える思弁的で難解な一節が終わるたび、ミルズは「これを別の表現に置き換えると」と言って明確で簡潔な文章にまとめていくんです。

私はチェーホフの足跡をたどるうち、ウラジーミル・ナボコフがアメリカの大学で一九四〇年代から五〇年代にかけておこなった『ロシア文学講義』のことを知りました。ナボコフは、一九世紀半ばから二〇世紀初頭にかけてのロシア文学の全盛期を代表するロシア人作家を追っているのですが、その期間はほぼチェーホフの生涯(一八六〇年〜一九〇四年)と重なっています。ロシア語を母語とする移民作家ナボコフは豊かな洞察力を、ゴーゴリからチェーホフの友人ゴーリキーまで六人の作家の読解に注ぎ込んでいます。彼らの歴史的な状況を検討し、作品によって国家を賛美しなければならないとする抑圧的なソ連の教義を背景に、批判を許さない政府と社会的メッセージを要求する急進的な批評家とのあいだを渡り歩く帝政ロシアの終末期の作家たちのスリリングな状況を描出しています。

作家というものは常に、意識的であれ無意識的であれ、また自発的にであれ不本意であれ、政治的な状況から何らかの影響を被る位置に立っています。前にも触れたように、チェーホフの短編や戯曲やノンフィクションもひとつ残らず、帝政期の検閲官の目を通さないわけにはいきませんでした。検閲官はチェーホフに修正を要求し、チェーホフは文の一部を削除したり、内容を書き換えたりすることを強いられました。同時に、急進的な批評家たちからは、登場人物が複雑で結末が宙ぶらりんになっているせいで政治的な立場が今ひとつよくわからないと批判を浴びせられました。

これを押し広げて「国家の制約」を「制度的な環境」に置きかえてみると、学界における声という問題に行きあたります。特色ある声を培おうとしている大学院生は、委員会のメンバーの傾向を抜け目なくおさえておく必要があります。また、テニュアトラック教員〔訳注：大学や研究機関で一定期間の業績評価にもとづいて終身在職権（テニュア）を得る可能性のある教員〕は「テニュアを得るための申請書類にはどのような業績を盛り込むべきなのだろう」とアンテナを張っておかないといけません。論文を発表するためには、ジャーナルや出版社の方針と歩調を合わせせなければなりません。専門家として生き残り、成功できるかどうかは、自分の声を状況に応じて使い分けることができるかどうかにかかっています。もちろんそれはあなた自身の声であるわけですけど、でもそれと同時に、いったん生活の不安のことなんかはすっぱりと忘れてしまって、自分の表現の幅をとことん広げてみるという試みが許されるようなオルタナティブな創造的空間へ思い切って乗り出してみるのもとても大切です。それは専門家としてのあなたの声を深め、豊かにしてくれます。

ナボコフは、チェーホフが日常的な「街角の言葉」を使い、そしてそれにもかかわらず「『私は豊かで美しい散文とは何かを知っている』と自認している多くの作家なんかよりもずっとたくみに芸術的な美しさを伝えることに成功していた」と述べています。以下の一節でナボコフはチェーホフの才覚に対する思いを、胸に迫る感動的な文章で記述しています。

彼はありとあらゆる言葉を同じ淡い光の中に、古い塀の色と古い雲の色の中間のような灰色の色合いの中にとどめています。多彩な感性、ちらっと光る魅力的なウィット、深く芸術的な人物描写の簡潔さ、生き生きとしたディテール、人生の静かな終焉。チェーホフの表現は、仄かに変幻し続ける言葉の霞みに包まれることで美麗な際立ちを獲得しています。

言葉、光、色、感性。「声」をめぐる思考に、この一節は息をのむような新しい視覚をもたらしてくれます。ナボコフは『犬を連れた奥さん』の芸術性にじっくりと考察をめぐらせた末、そこから離れて、チェーホフの物語に見られる「典型的な特徴」を七点挙げています。その一点め。「物語がこの上なく自然に語られています……ひとりの人がもうひとりの人に、自分の人生で最も重要な事柄を、ゆっくりと、しかし途切れることなく、ささやき声で語り聞かせているみたいに」。チェーホフに対するナボコフの高い評価の中にはひとつの示唆が含まれています。

尊敬する作家をひとり選び、「〇〇さんの声はとても素敵だと思います」という書き出しで、その作家の声の魔法的な魅力を描写してみましょう。その作家が使っている言葉の選び方を考慮しつつ、その声を比喩的に表現してください。色、光、音楽、風景、天候の比喩、あるいはその文章が読者の想像の中に喚起するものを思い浮かべながら他の比喩を使ってみてください。

なぜある作家の固有な声に気持ちが引き寄せられるのか、その理由を明確にすると、そこに自分の声を意識的に育てるための新しい道が見えてきます。作家たちの声の素晴らしい響きの振幅に自覚的になること。それはインスピレーションにほかなりません。文章を書くとき「確かに自分はそこに存在している」という感覚を強くもたらしてくれるような音色やトーンやリズムにあなたはめぐり逢うことでしょう。

＊＊＊＊＊＊＊＊＊＊

声

あなたの文章作成プロジェクトの核心をなしている事実や視点をあらわしているような対話を記述しましょう。ここで言う対話とは、あなたが参加した対話や耳にした対話、あるいは他の人の話をつなぎ合わせたものなどを含みます。声の質感、リズム、抑揚に注意を払いましょう。自分の文章の声にも注意を払うこと。(二ページ)

5 自分

二〇一〇年四月、夢の中でチェーホフと話をしたんです。

カングラの茶園にコテージが点在していて、そのうちのひとつから私はチェーホフに電話をかけました。にぎやかにおしゃべりをしている一団から少し離れて、小さな部屋に入り、古風な黒電話の受話器を耳に当てました。テーブルランプの穏やかな明かりが、座り心地のいいソファと低いテーブルと油彩の風景画を照らし出していました。

「あのね！」私は興奮してチェーホフに言いました。「私、物語をふたつ見つけたの……」。ふたつとも彼の作品です。私は最初の物語のタイトルを言い、ふたつめの物語についてはあらすじを説明しました。そして電話越しに、これからふたつめの物語を朗読するね、と言いました。

チェーホフは優しい人でした。私の喜びに満ちた興奮を彼は微笑ましく受け止めてくれている、そんな気配を私は感じ取ることができました。しかし、物語を読み上げようとしたとき、電話はぷっつり切れてしまいました。私は受話器を置き、夫のケンと仲間たちが待つホームパーティーの席に戻りました。網戸越しのポーチの先では、コオロギが鳴いていました。ランプとランプのあいだを蛾がぱたぱたと飛び回っていました。

「一九世紀のロシアに電話をかけるのって、とんでもなく難しい！」私は舌打ちしました。急がなくちゃ。チェーホフが電話のそばにいるうちに。私はラップトップを開きました。スカイプでコンタクトをとれないかと思ったんです。このとき私は後悔していました。どうして衝動的に電話なんかかけたんだろう。長距離電話ってものすごく通話料がかかるんだから。まるまる短編を読み上げるにはスカイプのほうがいいに決まっている。でも、チェーホフはスカイプのアカウントを持っているのかな？　あった！　彼のアドレスと、机の向こうで頬杖をついて物思いにふけっているチェーホフのサムネイルを見つけました。

スカイプをつなごうとしているところで私は目が覚めました。

ウィスコンシンの朝の景色の中に、チェーホフのイメージが漂っていました。私は夢の中で起きたことを考えていました。次はもっと思慮深くやるから、もう一度あの世界に戻らせてほしい。どうして私は、彼の文章を読み上げることにあれほど固執し、一方的に会話を進めてしまったのだろう？もし私がちゃんと耳を傾けていれば、彼はどんなことを話したのだろう？　あの夢は私に何を伝えようとしていたのだろう？　現実の世界とのつながりに向き直ってみました。いま自分が4章の「声」と5章の「自分」のアイデアを書いていることを思い出しました。夢の中で起きたことをメモし、夫のケンに話しました。（この数か月間チェーホフにくびったけになっていた私を見守ってきた彼はいたずらっぽい口調で言いました。「君の友だちに『チェーホフとスカイプした話、知ってる？』って話してあげなよ」）

夢が紡ぎ出した不思議な連想の手触りは今もしっかりと私の中に残っています。私の無意識が思い描くことのできる光景の中で、ヒマラヤ山脈のふもとに広がる紅茶農園がロシアの田舎の農園に最も似通っている場所だったのでしょう。一八九二年にチェーホフが自分と家族のために購入したモスクワ近郊の片田舎メリホヴォにある家でおこなわれていたような夏のホームパーティーが、夢の中で再現されていたのかもしれません。あの風景画はチェーホフが書斎に飾っていた、友人アイザック・レヴィタンの作品とよく似ていました。「あのね！」は、チェーホフが話し始めるときよく口にした言葉みたいです（「こっち向いて！」と訳されている場合もあります）。チェーホフに物語を読み聞かせようと熱くなっていた私は思わず彼の口ぐせを真似ていたんです。

あのスカイプの画像はどこで見かけたのだろう、と私は首をひねりました。書斎を探し、積み上げられたチェーホフ関連の本の山を一冊ずつ切り崩していきました。ロザムンド・バートレット版の書簡選集の表紙にその写真を見つけました。机の前に座り、カメラのほうに顔を向けてはいるけれど、見るからに物思いにふけっている青年。その写真を見つめていると、チェーホフの母や姉が語っていたような創作中のチェーホフの忘我状態を捉えたものなのかもしれないという気がしてきました。写真は一八九一年に撮影されたものでした。チェーホフがサハリンに渡航した翌年にあたります。書簡集を読むと、チェーホフが別人を装いながらおどけたことを書いていて、まるで彼が生き生きと目の前に姿をあらわしてくるような感じがしました。（彼はたいてい「あなたのA・チェーホフ」とサインをしていますが、アントニオ、アントワーヌ、アンソニーといった変名や、シラー・シェイクスピアロビッチ・ゲーテというおちゃらけた名前を名乗ることもあったし、挙げ句の果てには下剤効果のあるミネラルウォーターのブランド名を拝借したこともありました。）

バートレット版の特徴は、チェーホフが亡くなってから一〇〇年後にようやく入手可能となったいくつかの書簡を、完全かつノーカットで翻訳していることです。バーレットが序文で述べているように、ある意味でチェーホフの手紙は彼が書かなかった自伝とも言えます。チェーホフは個人的な経験を話すよう求められると、僕は「自伝恐怖症」に悩まされているんですと答えたそうです。「自分のことを詳しく書くことはおろか、自分のことについて書かれたものを読むのを強要されるのって、拷問以外の何ものでもありません」と。自分のことについては、医学と文学の両方に忠誠を誓っていたと、そっけなく書いているだけです。チェーホフの手帳には、作家の生活の詳細に立ち入ってまで資料収集すべきではない、と記されています。チェーホフはこう書いています。「僕が本を手に取るとき、著者が何をどんなふうに愛したのかとか、彼がどんなふうにカードゲームをしていたかということには関心がありません。僕が見るのは彼らの素晴らしい作品そのものだけです」

あなたは、自分が夢の中で見たことや「何をどのように愛し、どんなふうにカードゲームをしたか」といった個人的な事柄を自分の文章の中でどこまで共有したいと考えていますか？　自分をあまり目立たせたくない場合もあれば、自分をくっきりと描き出し、他者と出会い、対話するアバターとして動かしたい場合もあるでしょう。自分のどの部分まで開示するつもりがおありでしょうか？　その答えは人によりけりです！　自分をさらけ出すことに対する心地よさのレベルには個人差がありますし。そしてまた、選んだジャンルや対象とする読者層によってもその適切性の判断は違ってくるので、そのつど対応を変えていくことになります。

「これは自分に関わる文章です」とラベルが付いている文章なら、読者は作家の姿が頻繁に登場するだろうなと予測します。たとえば「メモワール」というラベルがついていれば、フィールドワーク、病気、家族、キャリアといった経験の糸をたどる回顧録であり、「自伝」というラベルなら人生という大きなスパンを扱っている作品なのだろうと察します。それから「オートエスノグラフィー」。著者自身やその集団に関するエスノグラフィーのことです。エスノグラフィーに関心を寄せている学問領域で近年とくに人気が高まっています。この言葉にはさまざまな背景があります。オートエスノグラフィーは、異文化と異文化が出会う接点にフォーカスを限定しがちなエスノグラフィーの傾向性を取り払い、代わりに自分の経験が大きな構造やプロセスによって形成されていく部分に記述的・分析的な目を向けます。「自分の経験」には学問的な背景も含まれます。でも、フィールドワークの正規の枠からはずれ、自分の生活にまで書き及んでいるすべての研究者が、自分の仕事にオートエスノグラフィーというラベルを貼ることを選んでいるわけではありません。

ストーリーラインを形成する可能性のある糸たちは複雑にもつれあっています。でも、その中のどの糸が、あなたが書いている素材の質感と色合いを読者にとって魅力的なものにするか、そこまでじっくり考えてくださいね。読者があなたについて本当に知る必要があるのはどの部分だと思われますか？　あなたの生い立ちや現在の状況のどの側面でしょうか？　流行語を使わせていただくと、どのあたりからＴＭＩ（情報過多（トゥー・マッチ・インフォメーション））な自己開示になってしまうでしょうか？

人生は私たちにずいぶんたくさんの力強い経験と洞察をもたらしてくれます。でも、そのすべてをひとつの作品に、あるいは一種類の形式に押し込む必要なんて、どこにもありません。エスノグラフィーをひとつ書き終えたあとで、その人生経験をオートエスノグラフィーやメモワール、個人的なエッセイや詩の中でふたたびたどることも可能です。フィクションの装いを借り、短編や小説の素材として生かすことだってできます。別のメディアを選ぶことも、新しい形式を発明することも可能です。自分の身に起きたことだからといって、それが他の人にとっても興味深いものであるとはかぎりません。経験を面白く語ることがあなたの大切な課題となります。読者の期待と忍耐力を感じながら、しっくりくる形式を慎重に選びだしてください。あなたの学問分野や職業において、あまり昇進につながらなさそうな書き方になってしまうことだってあるかもしれません。でもそれは同時に、規律まみれでがちがちに専門特化した自分以上の自分になるチャンスでもあるのです。

語ること

一人称が使われているかどうかにかかわらず、作家の声には、感度を備えた自分というものがかならず含まれています。「私」を登場させ、（糸巻きみたいに）ころころ転がすと長い糸がくり出されます。その糸を使って多様な経験や洞察を織りあげていくことができます。

自分はどんな人物なのか。性別、人種、階級、エスニシティ、性的指向、年齢、地域的背景などをズラリと並べ、それらが交差する座標みたいな形で「自分」を描くというのはあまり有効なやり方とは言えません。自己を客観視し、必要に応じて詳細を少しずつ滑り込ませるようにお書きになるとわりとうまくいくと思います。ちょうど作家が興味深いキャラクターを立ち上げていくみたいな感じです。そのためには、距離感を養う必要があります。「自分こそ主役だ」という求心的な引力からするりと身をかわすのです。少し離れたところから、共通の経験とか、さまざまな違いや格差を超えて交わされた相互行為に焦点を合わせ、自分が他者とどのようにつながっているのかをじっと眺めるのです。つまり、異なる視点から見ると自分はどんなふうに違って映るのかじっくり吟味してみるわけです。

自分を個人的なエッセイの登場人物に変える技についてフィリップ・ロペイトが書いていて、とても参考になります。好奇心とユーモアをもって自分について振り返ること。自分の独特な癖、いかにも人間っぽい矛盾や葛藤、あなたという人間を形作った一般的なカテゴリーについて思考をめぐらせること。「自分を登場人物に変えるというのは、自己満足に浸りながら自分のおへそを見つめるということではありません。むしろナルシシズムからの解放に近いと思います。それは自分から十分な距離をとり、多角的に自分を眺めることができるということを意味します」

以下に、あなた自身を登場人物として確立し、あなたが書いているテーマに「自分」を組み込むためのふたつのプロンプトをお出ししましょう。

✍ あなたがこの文章作成プロジェクトに初めて乗り出したときのあなた自身を描写してみてください。何に最も興味を引かれ、どんなことを期待し、何について不安を抱いていましたか?

そのとき、あなた自身は他人の目にどのように映っていたでしょうか？　彼らはあなたをどのようなカテゴリーに分類していたと思いますか？

あなたが読者に向けて、ご自身を複雑で「多面的な」キャラクターとして描き出すかどうかはともかくとして――すべての人がそうしたいわけではないでしょう――文章内に筆者自身が経験者として登場してくると、読者にとって、異なる時間や思考段階をかなり結びつけやすくなるのは確かです。

素晴らしい腕前で語りを巧みに操る人類学者として、マイケル・ジャクソンの名前をあげることができます。彼は優れたエスノグラファーであり、小説家であり、回顧録作家であり、詩人でもあります。ばっちりポイントをおさえていて、具体例をわかりやすく示してくれている本はないかなあと本棚を眺めていると、彼の著作『シエラレオネにて』が目にとまりました。この本の中でジャクソンは、無慈悲な内戦が終結した二〇〇二年、友人であるセワ・ボッカリー・マラハ（通称〝S・B〟）のたっての願いに応えるかたちで、シエラレオネに帰国したときのことを描いています。S・Bとジャクソンは一九六九年のフィールドワーク以来の仲です。S・Bは自伝の執筆を手伝ってほしいとジャクソンに頼んでいました。S・Bの弟ノアはジャクソンの調査助手で、ノアの甥は「小S・B」と呼ばれていました。以下は、ジャクソンがラムリーに到着した直後の場面です。

夕暮れ時にノアと別れ、ホテルまで小S・Bに車で送ってもらった。干潮の時刻で、アバディーンのフェリー橋のそばにさしかかったとき、私は小S・Bにスピードを落としてもらった。入江の端にあるS・Bの古い家を探すために。マンゴーの木立の近くに、内戦の犠牲となったその家が廃墟となって立っていた。潮が引いた干潟では女性や子どもたちが貝を探していた。そして私は、遠い昔、夜のバルコニーに座ってこの景色を眺めていたことをふと思い出した。そのときローズは私に、ここから人間を積んだ奴隷船がアメリカに向けて出航したのよと教えてくれた。突然、小S・Bが私の回想をさえぎった。一九九九年一月におおぜいの反乱軍の兵士がこの橋まで連れてこられてまたたく間に銃殺され、死体が湾に投げ込まれたんだよ、と彼は言った。

青みがかった夕闇がマングローブ林や干潟、そして我々の足もとを流れる曲がりくねった澪(みお)を包み込みこんでいった。戦慄の情景と安らぎの情景が同じ舞台の上でこんなにも自然に継ぎ合わされるものなのかと驚いている自分に私は気づいた。『闇の奥』でテムズ川の海辺に薄れゆく光を眺めながらマーロウが語った言葉が脳裏に浮かんだ。「ここもまた、この世の暗黒の地のひとつであった」

ジャクソンは文章に自分を登場させ、時空間を自由に移動していますね。「私は思い出した」「驚いている自分に私は気づいた」「脳裏に浮かんだ」といったフレーズで歴史、感情、文学的暗示の層に厚みを加え、風景を、さまざまな要素が重層的にからみ合う場として描いています。その描写は実際の風景を目のあたりにした彼自身の感受性の中に位置づけられており、それによって私たちにも、異常な暴力の傷跡をとどめている場所を再訪することの切実な痛みがリアルに感じられます。

✍ どこかの風景の中に身を置いたときにあなたの脳裏に浮かんだ物事や情景を描写しましょう。あなた自身の思い出、歴史的な出来事をめぐる回想、一般的な洞察、胸に残る文章との関連性などを中心に。

説明すること

「で、あなたは今どんなことに取り組んでいるの？」

これは何度となく私たちに投げかけられる、いわば実存的な問いです。あなたの対象についてほとんど知識を持ち合わせていない人たちと、それに、すでに何でもよく知っている事情通たち。相手に応じてあなたはどのように答え方を変えますか？　どんな答えを返せば、あなたの話を聞いている人たちは目を輝かせ、興味を持つでしょうか？　何年もかけて気づいたことなのですが、私の場合、どんなふうに作品構想を要約したらいいだろうかと考えること、そこにどんなリボンをつけるともっと素敵な感じになるのだろうかと考えること、そして、対象の重さや形状や色彩を明晰に理解すること、それらはどうやらつながりあっているようです。つまりは、会話の中で私が語ったストーリーや要約が、書いている文章の中に反映されるんです。

あなたの魅力的な語りは、聞き手が方向性を見出すための手助けになります。それはタイトルや序文や導入に等しい、と言えるかもしれません。会話における自分の発話を文章の中に反映させるだけでなく、あなたの説明を他の人がどんなふうに受け止めるか観察し、その反応も盛り込んでいく。それもひとつの方法です。

エスノグラファー、小説家、短編作家、回顧録作家、劇作家であるゾラ・ニール・ハーストンは『騾馬と人』の冒頭に、自分の執筆活動の意図や背景に関する解説をものの見事に埋め込んでいます。恩師であるフランツ・ボアズによる短い序文のあと、彼女の導入文が続き、著者の関心が学問的権威と対照させられながら皮肉な調子で語られています。「『ニグロの民間伝承を集めてきていいよ』と言われたとき、私はうれしかった」と。行間からは、彼女に向かって「ニグロの……」と言ったのがほかならぬ学問的権威ボアズその人だったことがうかがえます。そしてハーストンは、故郷で現地調査をおこない、多角的な視点で民間伝承を収集するという自分のプロジェクトについて説明しています。ボアズに研究計画の妥当性を説得するために使った言葉、自分が変化を遂げたあと故郷に戻ることの彼女自身にとっての意味、故郷に戻る理由とはなりえなかったこと（「学士号と車を手に入れた、北部帰りの娘としてちやほやされたい」などと思うこと）について説明し、最後に、フロリダ州イートンヴィルに行くことにした理由――ここに行けば、豊かな民俗学的資料が百パーセント確実に収集できるからです――を述べています。

第一章は、ハーストンがイートンヴィルに到着する場面から始まります。到着というのは多くのエスノグラフィーでもよく記述される場面です。でも、彼女の場合、そこには再会という意味あいが含まれています。ハーストンが車で町にやってくると、店のポーチでトランプをしている男たちの姿が見えました。彼女は車を停め、こんにちはと挨拶をします。男たちは最初、彼女に気づいていないようでしたが、やがてB・モーズリーが「まさか、ゾラ・ハーストンじゃないよな！」と叫びます。それをしるしに男たちは腰をあげ、彼女のところにやってきて上機嫌で出迎えてくれます。いつまで滞在するのか、誰のところに泊まるのか、と尋ねる彼らの姿が描かれます。ここで読者はハーストンの大まかな研究計画を知ることができ、彼女を身近に感じ始めます。彼らの会話は市長が到着するまでつづきます。

「こんにちは、ハーストン、我が心の琴線（ハートストリング）」とハイラム・レスター市長は通りを急ぎ足で渡りながら叫んだ。「君のことはね、北の方からちゃんと耳に入っているんだ。これから故郷に腰を据えるんだね？」

「いいえ、そうじゃないんです。昔話や物語を集めに来たんです。ここのみんなはいろんなお話をよく知っています。この土地くらいうってつけの場所は他にないんです」

「つまり、ゾラ、君が言っているのは、僕らがここで何するわけでもなく、店のポーチなんかに腰を下ろしてしゃべっている、あの古くさいほら話のこと？」B・モーズリーが尋ねた。

「うん、そう。オール・マサとか、天国の有色人種の話とか……それにみんなが知っているようなお話のこと」

「ちょっと待ってよ」とジョージ・トーマスが首をひねりながら言った。「ゾラ、帰郷するなり君がいちばんの大嘘をついてるじゃないか。いったいどこの誰がブレア・ラビットとブレア・ベアの昔話なんか読みたがる?」

「それがね、読みたがっている人は山ほどいるの、ジョージ。あなたたちのお話はあなたが思うよりずっと値打ちがあるわけ。手遅れにならないうちに書き留めておかなくちゃ」

「手遅れって、どういうこと?」

「みんなが忘れてしまわないうちにってこと」

「心配無用。そういう連中はわんさかいるから。なんもしないで座り込んで、うだうだほら話をくっちゃべってるような連中のことだけどね」

「だったら僕ひとつ知ってる」とカルヴィン・ダニエルズが陽気な声で言った。「ジョンとカエルの話」

ハーストンの調査に対して地元の人びとがどんな見解を持っているかさらりと触れられているところなんかほんと面白いですよね。物語には多くの人びとが興味を持っていて、それらが消えてなくならないうちに収集したい、と彼女は主張しています。そこには、消滅危機にある文化遺産をなんとか救わなければならないというボアズの研究意識がお茶目にこだましているように思われます。でも、そこですかさず彼女は「物語の伝統に危機なんてない」と言い放つ男たちの発話を引き合いに出して、文化の消滅というボアズの考え方をひっくり返してみせています。

✍ 執筆対象の人びとにあなたが自分のプロジェクトを説明している場面や、権威ある人物と対話しているところ、あるいは自分自身とかわした語らいを描写してください。

呼び起こすこと

どのような執筆プロジェクトであれ、それは書いている人の中に過去の経験を呼び起こさないではいられません。その内容があなたの故郷に関係している場合はとくに過去の記憶がありありとよみがえってくるでしょう。でも、故郷との接点がとくに見当たらない場合でも、まさにその著しい対照によって、昔馴染みの記憶や隠れた記憶が呼び覚まされたりします。

アミタヴ・ゴーシュは『古代の大地で ―― 旅人の物語の形をした歴史』という多ジャンルにまたがる本の中で、エスノグラファー、歴史家、エッセイスト、小説家としての技を駆使し、時空を超えて築かれた（そして分断された）人びとのつながりを描いています。ゴーシュは読者を過去と現在のふたつの調査の旅に連れ出します。文書資料からあぶり出された、エジプトとインドを行き来していたユダヤ商人が保有していた一二世紀のインド人奴隷。そして、オックスフォード大学で社会人類学を学ぶインド人学生としてエジプトで村落調査をしている彼自身。

エジプトの農民たちがインドからやって来た若い外国人のゴーシュに好奇心と驚きをもって対面する場面が、ユーモアたっぷりの筆致で描写されています。あるときゴーシュは、友人のナビールの弟の結婚式に集まった男たちから質問攻めにされます。前章に書かれているのですが、ナビールは農学部の学生で、故郷から遠く離れてやってきたゴーシュに感動的なほど純粋な共感を抱いていました。

結婚式では中年の男性客たちがゲストルームに集まっています。ゴーシュが何をしているのか、どうやってアラビア語を覚えたのか、彼らは知りたがります。それからもちろんインドでの生活についても。ゴーシュは結婚式の祝宴を見物しようとその場をこっそり抜け出すけれど、夜更けに、ふたたび興味津々の男たちに呼び戻されます。彼らは一緒に腰を下ろしてタバコを吸い、炭焼きのシュシャパイプを吸い、インドの文化や習慣についてゴーシュにいろいろと質問をぶつけます。亡くなった人はどうなるのか？　人びとの行動を導くものは何か？　女性は割礼をするのか？　男の子は割礼するか、あるいは「浄化」を受けるのか？　質問はゴーシュ自身の「浄化」の問題に及びます。彼はそれに答えることができません。


私はまわりの目を見渡した。そこには好奇心と恐怖の色が交互に浮かんでいた。その質問にはとても答えられないことは私にはわかっていた。手足が私の意思とは無関係に動きだした。私はシュシャを倒してディヴァンから立ち上がった。押しのけるようにしてその場を離れ、反応する間も与えず人混みをかきわけ、そそくさと自分の部屋に向かった。

部屋の前まで来たところで後ろから足音がした。ナビールが困った顔をしていた。少し息が切れていた。

「どうしたの？」と彼が言った。「どうして急に出て行ったんだ？」私は答えが思いつかず歩き続けた。

「彼らは質問しただけだよ」と彼は言った。「君がするように。悪気なんてない。牛の話や火葬や割礼の話にどうしてそんなにぴりぴりするのさ？　そういうのってただの習慣じゃないか。人が興味を抱くのは自然なことだよ。神経にさわる話題なんかじゃない」

エジプトの村人たちのほとんど人類学的ともいえる好奇心が、ゴーシュに反射的な逃避行動を呼び起こしました。逃げ出したいという強い衝動を。でも、どうして？　友人のナビールは困惑しながら、相手をいたわるような言葉をかけ、そこでこの章は終わる。ゴーシュ自身の生い立ちが、次の章の頭に書かれています。

私はときどき、ナビールにあの話をしておけばよかったと思うことがある。

私は子どもの頃、世界地図から消去される運命にあった場所に暮らしていた。東パキスタンのことだ。一九四七年に建国され、そのわずか二五年後にバングラデシュという新しい国家になった。その消滅を誰も悲しんでいなかった。今でもそれが私の記憶に残っているのは偶然によるところが大きい。というのも、私が六歳くらいのとき、たまたま父がダッカのインド外交使節団に派遣されていたからである。

さらにゴーシュは子どもの頃に経験したダッカでの宗教対立の記憶をたどります。塀で囲われた外交官公邸の庭にヒンドゥー教徒の群衆が定期的に避難してきた記憶。松明を持った大勢の男たちに庭を取り囲まれたこと。ゴーシュによると、それらの思い出は相互に時間的なつながりを欠いており、「編集がずさんな映画のよう」であり、奇妙なことに無音です。

ゴーシュの両親のイスラム教徒の友人たちは警察に通報し、警察は暴徒を鎮圧しました。数年後、ゴーシュが古い新聞を読んでいると、ダッカで暴動が勃発していたときカルカッタではイスラム教徒がヒンドゥー教徒に襲撃されたこと、他方で仲裁に入ったヒンドゥー教徒たちがいたことを伝える記事が目にとまります。ゴーシュは宗教紛争における象徴の重要性を指摘し、「ペニスの包皮を理由に、男たちは手足を切り落とされた」と書いています。

でもエジプトの村で、ナビールにであれ誰に対してであれ、そんな事情を詳細まで説明するなんてとても無理だとゴーシュは感じました。インドとエジプトの歴史経験の相違を指摘し、「象徴に対するインド人の恐れを理解してもらえるとはまず思えなかった」と彼は書いています。強く感情的になった瞬間を検討することは、自分自身だけでなく、自己と他者のあいだの隔たりにも光をあててくれます。

✍ 対面相互行為の場面であなたが思わず感情的になってしまった瞬間を描写してください。そのときあなたの反応の根底にあるものは何かを、脳裏に刻まれたイメージも含めて探ってみてください。次に、そのことが、広く一般に共有されている経験とどのように関わり合っているか、一歩引いて考えてみてください。

ゴーシュはエジプトでの相互行為に身を置き、記憶を位置づけ直しました。そうすることで「現在における過去の遺産」という彼にとってのテーマを描き出したのです。このノンフィクションの数年前に書かれたゴーシュのすばらしい小説『シャドウ・ラインズ』（一九八九年）では、カルカッタとダッカで同時に起きた暴動が、ゴーシュとは別の少年の視点から描かれていました。ひとつの出来事が異なるジャンルや物語の中で語り直されています。

変容すること

参与観察者として他者とともに日常生活を送るという経験はフィールドワーカーにさまざまな洞察をもたらします。その洞察は書き留めるべき「素材」という具体的なレベルにとどまりません。言葉にしづらい身体知ももたらされます。つまりフィールドで人は変容します。アーネスティン・マクヒューの『ヒマラヤの愛と名誉――異文化を知ること』はグレゴリー・ベイトソンに影響を受けた大学生時代の彼女が熱心に書き留めていたノートに基づく異色の回想録です。一九七〇年代、ネパールのヒマラヤ山麓にある人里離れたグルン人の村を訪れたアーネスティンを、親切でカリスマ性のあるラリタ（「アマ」と呼ばれています）が迎え入れてくれました。アーネスティンはアマの家族と二年あまり暮らします。その経験は良質な学士論文としてまとめられ、その後、さらにフィールドワークを重ねて、博士論文まで書き上げました。このメモワールの中でマクヒューは折り紙を思わせる文章構成により、若き日の自分の物語に、その後獲得した視点を鮮やかにたくし込んでいます。

若く、異文化適応力も高いアーネスティンは村の生活に溶け込みたいと強く願い、受け入れ家族やグルンの村人たちから教えられたとおり非常に熱心に、現地の社会規範を身につけていきました。彼らは彼女に言葉や服の着方や日常的な仕事のやり方を教え込みました。現地の家で寝泊まりし、険しい山道を歩き、重い荷物を遠くまで運ぶ日々の生活に身を置くことで、自分の身体がどのように変化したかを彼女は振り返ります。

グルンの村では家の入り口が低いので、中に入るときは少し体を屈めなければならない。ベッドやマットは硬く、そこに体を沈めるということは不可能だ。人びとの体つきはコンパクトで、手足は体幹に密着させ、保持される。そのため大きな動作は場違いなものに映る。ネパールで私の身体は変化した。滞在期間中、私の重心は低い位置に移った。その結果、山道を上り下りするときの安定感が増し、ルンギやサリーを着て的確に動けるようになった。そして自然と姿勢が良くなった。頭に荷物を載せて運ぶことで筋肉がついたのだ。草の束や水の入った鍋を頭から下ろすと、少し体が空へ浮かび上がる感じがした。まるで、体が重さというものを手放したみたいに。

「私の身体に起きた変化は……」という書き出しで、フィールドワークがあなたにもたらした身体

的な変化を社会的実践と結びつけながら記述してください。そして、別の部分に起きたあなたの変化に視点を移し、それについても文章にしてください。

重い荷物を運ぶこと。それが、アーネスティンの養父である家長のジムワル（「アパ」と呼ばれています）との確執を生じさせたことがありました。髪に赤いリボンをつけ、アマの金の腕輪を手首にはめたアーネスティンは家族と一緒に歩いて山を越え、親戚を訪問します。彼女は娘として紹介されます。会話で用いるべき適切な親族用語も事前に教えられていました。遠くの村の親戚からアパが特別な贈り物として鹿肉の包みを貰い受けます。帰路につくときアパはアーネスティンに、重くて血にまみれた生臭い肉の包みを少しのあいだ運んでほしいと頼みます。厳しい暑さの中を数時間歩いたあと、ふたりは休憩をとりました。アパはふたたびアーネスティンに荷物を渡しました。アパは「もう少しだけ頼むよ」と言います。でも、結局彼は彼女にこの荷物をまる一日運ばせました。翌朝、アパはふたたび彼女に荷物を渡します。別の親戚たちがそのようすを見ていました。アーネスティンは騙されたと思いました。これはいじめではないかとも思いました。彼女は荷物を持って出発し、いちばん最初に村に帰着します。彼女は荷物を床に放り投げました。涙があふれました。村に残っていた人たちに、アパが道中ずっと自分に鹿肉を運ばせたことを打ち明けます。そして、逃げるように山の斜面を駆け下り、別の場所で夜を明かします。

翌日、彼女は落ち着きを取り戻しました。アーネスティンが戻ると、アパは家の外で編み物をしていました。彼はアーネスティンに何か食べたのかと訊き、中で食事を取りなさいと言いました。「ここは、あなたの国とはまったく事情が異なっているのよね」と、アマがふたりきりになったとき言いました。彼女は、アーネスティンが怒って逃げ出したことでアパが傷つき動揺していると話します。そして、なぜアーネスティンがひどい扱いを受けたと感じるのかも私にはよく理解できると言いました。大きな臭い鹿肉の塊なんか誰だって持ち運びたくないわよね、と。それから彼女は、別にこれは個人間の問題というわけじゃないのよと言って、背景にある文化的な論理を説明し始めました。子どもは年長者に対する尊敬のしるしに荷物を運ぶべきとされている、と。「父親という重要な立場にある人が荷物を運んでいるのに、一人前の娘のほうは手ぶらで歩いているっていうのはあまり見ばえが良いとは言えない」とアマは言いました。そして彼女は言葉を続けます。

私たちの子どもたちは小さい頃からそういうことをやんわりと説き伏せられて育つのよ。「あのねセイリ、これを次の休憩場所まで運んでもらえる?」というふうに。そうすると、彼女はわかったわと言って荷物を手に持つ。でも、休憩場所に着いたら「もうちょっと先まで」とか言うわけ。そうやって家に着くまで少しずつ運んでもらうの。ここの子どもたちは幼い頃から、それが子どもだましだってことは承知している。だから思いつくかぎりの言い逃れをするの。いちど荷物を手に取ったら途中でそれをほっぽり出すなんてできっこないって知ってるから。アパはあなたを本当の娘のように扱っていたわけだけど、あなたはそれを理解できなかったのよね。だって、あなたの国の人びとはそんなふうにはやらないから。

アマが自分の考えをていねいに説明してくれた場面を振り返りながら、マクヒューは述べます。「彼女は自分の世界と私の世界を突き合わせて差異を考察し、そこに感情的な断層があることを見抜いた。そして、それを説明をすることで、断層が見える場所に私を立たせてくれたのである」

もしこのとき齟齬が生じていなければ、アマがここまで明確に語ることもなかったかもしれません。齟齬が引き起こす感情的な苦痛は、時として、ありきたりな物事を新鮮な光でくっきりと浮かび上がらせる。葛藤の生じた場面を遡及すること、それは強力な物語になるし、分析的なツールともなります。

✍ **強い苦痛を感じた齟齬の事例を振り返ってみてください。そのとき、何がどうなっているのかあなたに教えてくれたのは誰でしたか？**

枠組みを与えること

シャフラム・ホスラヴィの『「不法」旅行者――境界をめぐるオートエスノグラフィー』は、フィールドワークとして意図されていなかった人生経験が、人類学的理解の源泉となりうることを具体的に示し、エスノグラファーたちを理論に結びつけるだけでなく、構造的な力にさらされた他者の経験にも引き合わせてくれる強力な作品となっています。ホスラヴィはイランで生まれ、かつて遊牧民だったバクティアリ人（初期の民族誌映画『牧草』に登場する人びと）にルーツを持っています。一九八六年、イラン・イラク戦争中に高校を卒業した彼は、同世代の多くの若者とおなじように、徴兵命令を受けとります。戦地から生還する見込みは限りなくゼロに近いことを知る彼の家族は彼にイランを離れるよう勧めます。ホスラヴィは密入国斡旋業者の手引きで、アフガニスタンへ越境入国しようとしました。しかし、その業者は警察と結託していました。ホスラヴィは逮捕されて尋問を受け、投獄されてしまいます。一か月後に保釈され、家族のもとに戻りました。それから数か月が過ぎ、彼は同房者の口ききで、イランで建設労働者として生活していたアフガニスタン人青年ホマユーンと知り合います。そして越境に手を貸してくれと彼に頼みます。

ホスラヴィは家族に別れを告げるとき、次に会える日が来るのかどうか確信が持てませんでした。彼は夜明けを迎えた家並みの静穏なたたずまいに注意を向けます。日々繰り返される一日がまた始まるんだ、と彼は思います。子どもたちは学校に行き、親たちは仕事に行く。隣に住んでいる年配の女性は市場に出かけ、かかりつけのユダヤ人の医者は診療所に向かう。それにひきかえ、僕の出発は大きな変化をもたらすものになるんだ。

二〇年の歳月が過ぎ去っても、あの朝の記憶はいまだに私の胸を締めつけつづけている。私は一二歳の妹の寝顔にキスをした。彼女の涙は絶対に見たくなかった。見ればきっと私の心はめちゃくちゃに引き裂かれていただろう。父は部屋から出てこなかった。別離の耐えがたい悲しみから父は体が麻痺したような状態に陥っていた。お別れの儀礼的な取り交わしすらおこなえなかった。のちに姉から聞いた話では、父は二日間部屋から出てこなかったという。食事に手をつけず、口もきかなかったらしい。椅子に腰掛け、前かがみになって地面を見つめている父の姿が窓越しに見えるだけだった、と。父は自分を責めていたそうだ。「大物」と称され、熊狩りの名人であり、見ず知らずの人たちまでもが庇護を求めにやってくる父。その彼が、自分の息子を守れなかったのだ。空港まで送ってくれる兄が、車の中で待っていた。母に抱きしめられると、私の中で、外の世界のことや戦争のこと、移住や国境や未来や過去のことは跡形もなく消え去っていた。私は彼女の匂いを、子どもの頃の自分の匂いを、おそらく人生で初めて嗅いだ匂いを吸い込んだ。母が体を離し、一歩後ろに下がり、「行きなさい」と小声で言った。私が戸口をくぐると姉が私の背後に水を注いでくれた。イランの儀礼的な習慣で、旅人が無事に戻ってきますようにという願いが込められている。私は後ろを振り返らなかった。目線を真っすぐ前に向けていた。だけど車に乗り込んだあと、もう母から目を離すことができなかった。彼女は戸口に立っていた。私を悲しませまいと涙は見せなかったが、その体は震えていた。私と同じように、母の胸中でも細胞の隅々まで嵐が吹き荒れているのがわかった。兄が車のギアを入れたとき、私は息ができなくなった。涙があふれ出た。涙はとめどなく流れ続けた。

この小さな本の中で、ホスラヴィは彼の内的な深い悲しみを、その強度を保ったまま、外的に裏返してみせています。それは、国境によって人生が引き裂かれ、台なしにされてしまった人たちにとっての共通の感情的源泉となっているような経験です。境界線というものは監視の目が光っている国家間に引かれたものだけでなく、社会内部で人びとを引き裂き、人生の破綻を引き起こしうるということを示すような経験です。

✍ **あなたの人生を永遠に変えてしまった転機を振り返り、そのときの情景を描写してください。社会的な力が働いていることを考慮に入れ、自分と同じような境遇にある人びととの経験も盛り込みながら描写してみてください。**

厳しく困難な障害と不確実性を乗り越え、ホスラヴィはアフガニスタンからパキスタンに渡り、そこからインドへ、そして最後にスウェーデンに渡りました。彼はそこで「難民」というラベルを貼られ、最終的に社会人類学のトレーニングを受けることになります。本書の中でホスラヴィは境界、越境者、移民、シティズンシップ、人権というより大きな理論的な枠組みを用いて、個人的な経験と研究資料を繰り返し検討しています。自分の経験を理論によって照らし出すとともに、逆に、自分の経験から理論に疑問を投げかけています。

✍ **あなたの最も強烈な経験と関わり合いがありそうな理論をリストアップしてください。**

それらの理論を詳細に解説するのか、それとも、理論的な部分は解釈の余地を残しつつ、表立って検討しないことにするのか。私の見解では、この違いが、より分析的で専門的な読者を対象とするオートエスノグラフィーなのか、それとも専門家ではない広い読者層に手に取ってもらえる可能性を持つメモワールなのかを決める、大きな分岐点となります。ホスラヴィが指摘するように、彼の本は、不正に対して証人として立ち向かうその姿勢において、ラテンアメリカの周縁化された人びとの「テスティモニオ」と呼ばれるジャンルのライフヒストリーと深いところで共振しています。

つながること

夢に出てきたチェーホフのスカイプ・アカウントは、彼が二一世紀のテクノロジーを使って私たちとコミュニケートできることを暗示しています。二〇一〇年一月二九日チェーホフの生誕一五〇年を迎え、多くの本が出版され、記念イベントが催されました。彼の戯曲は現在も上演されています。彼の物語や手紙は相変わらず読み継がれており、現在いくつもの物語が映画化されています。文学の議論や本の帯には、チェーホフへの言及や「チェーホフ的」という形容詞がちりばめられています。簡潔さ、思いやり、婉曲な表現、ディテールに対する感度を備えた作家たちに、それらは繰り返しほめ言葉として贈られています。

二〇〇九年空港の書店で、リチャード・ピーヴァーとラリッサ・ヴォロホンスキーによるチェーホフの短編集の新訳を見つけました。ベストセラー作品がずらりと並んだラインナップの中からいちばん短い作品の一節が私の目に飛び込んできました。まるで私自身のプロジェクトに語りかけてくるみたいに。その『学生』という短編は一八九四年四月に出版されました。チェーホフは友人たちに自分が書いたものの中でこの作品がいちばん好きだ、と話していたそうです。チェーホフの他の多くの物語と同じように、この物語もまた、物語を語るということについて語っています。

聖金曜日の夕暮れ時、神学校の学生が人けのない小道を歩いて家に帰っていました。最初のうち、春の気候がとても心地よく感じられました。ところがクロウタドリが鳴き、ほどなくして沼地から「からっぽのボトルに息を吹きかけたときのような、ほーというもの悲しく響く」何かの音が聞こえてきます。すると急に冬になったみたいにあたりは寒さに包まれました。その日は料理をすることが禁止されており、彼は空腹でした。過去にもこれと同じ風が吹いていたんだな、と彼は思いました。そして「今と同じような厳しい貧困と飢え、今と同じような雨漏りのする藁葺き屋根、無知と苦悩、今と同じようにあたりを覆う空虚と暗闇、押しつぶされるような感覚」に想いをめぐらせながら、惨めな気持ちで歩き続けます。こういう不幸は一〇〇〇年先もなくならないだろうと彼は考えます。「そして彼は家に帰りたくないと思った」

学生の目に遠くの火が見えます。農家の母と娘。ともに寡婦です。ふたりは学生に挨拶します。彼は彼女たちと肩を並べ炎に手をかざし、遠い昔こごえるような寒い夜に使徒ペテロもこんなふうに火にあたったんだろうな、と声に出してつぶやきます。学生はペテロの話を続けます。イエスが尋問にかけられ殴られているとき、大祭司のしもべたちとともに火のそばに立っていたペテロは三度、イエスを知っているかと尋ねられ、知らないと答えます。そして夜が明ける頃、ほんの数時間前に最後の晩餐をイエスとともにしたとき、私はどんなことがあってもイエスに忠誠を尽くします、と誓ったことを思い出します。そのときイエスは、鶏が鳴く前に三度ペテロが私のことなど知らないと言うだろうと、ペテロの誓いを打ち消していました。記憶がよみがえってきたペテロは中庭を出て涙を流します。「僕にはそのときの情景がはっきり見えます」と学生は言います。「とてもとても静かな暗い庭。そして、その静寂の中でかすかに聞こえる、低くすすり泣く声……」

学生の話を聞いていたふたりの女性は、彼の隣ではっきりわかるほど心を打たれています。年配の女性は涙を流し、娘は言葉を失っています。彼は風の強い夜の中に出て行きます。ふたたび手が冷たくなりました。振り返ると火が燃えているのが見えます。あんなに女性たちの心が動かされたのは、たった今語り聞かせた話が現在との何らかの接点を持つからに違いないと彼は考えます。「おばあさんが泣きだしたのは、僕の語り方が感動的だったからじゃない。彼女はペテロを身近に感じたんだ。ペテロの魂に起きたことに、彼女が全身で感応したからなんだ」

> するふと思いがけず胸に歓喜が込み上げてきて、うまく呼吸ができなくなり、彼はしばらく立ち止まらなければならなかった。過去は、と彼は考えた。次から次と流れるように生じる出来事の切れ目のない連鎖によって現在とつながっている。その鎖の両端が彼には見えたような気がした。一方の端に触れると、反対側の端が揺れたのだ。

学生――彼は二二歳になったばかりだった、とチェーホフは愛情を込めた語り口で書いています

――は自分の家に向かって歩きながら考えます。たとえ悲しみの中にあっても真実と美が人生を導き、そして真実と美は遠い未来においても人生を導きつづけるだろう、と。押しつぶされそうな気持ちと虚無感は消え去り、幸福感と未来への希望が彼の中に広がっていきました。

✍ 自分を超えるつながりを感じた相互行為について記述してください。

聖書には詳しくないのですが、この短編は口承文学に関心を寄せている私にひりひり響きました。聖金曜日の夕暮れ時、ロシアの片田舎で、遠い過去の出来事に今一度切々と想いをはせる学生の共感的な想像力が既知の物語を一段と明るく燃えたたせている、そのことに私は目を見張りました。学生の語り直しが聞き手を揺さぶり、さらに学生自身の視点も変化している。語りという媒体を通して互いに深く疎通し、みんなの意識が変容しています。『学生』には、チェーホフ自身の思想が溶け込んでいるように見えます。明示的には書かれていないのですが、語り直しという、現実の語り手と想像上の語り手を繋ぐ連鎖の重要なリンクとしてのチェーホフ自身の役割が滲み出ているように思えます。チェーホフは自分のことを無神論者とみなしていました。信仰に凝りかたまった暴君のごとき父親への反発心に起因しているのだと思います。でも彼の多くの作品には幼少期に親しんだロシア正教の儀礼や物語が投影されています。

チェーホフが書いた作品を読み、チェーホフについて書かれた作品を読むことで、時間や空間や言語を越えて他者たちの世界に引き寄せられる、人間社会における伝承の長い鎖の一端をあるいは私もつかんでいるのではないでしょうか。『学生』についての私の語り直しは、翻訳書で知ったチェーホフの物語の真理を十分には伝えきれていないと思います。でも、それは私の心を動かしました。そして、何とかその感動の理由を表現するべく努力を注ぎ、その結果、語り直しの連鎖に新たなリンクが加えられることになったのです。

**あなたの作品構想に関連する画像の中で、とくにあなたの想像力を掻き立てた画像について記述してください。**

私はこの章をとても苦労して書いたのですが、執筆中、夢に出てきた写真を何度となく見返しました。

写真の中のチェーホフはまだ眼鏡をかけていません。三一歳になったばかりの彼。ふっくらした顔立ちで健康そうに見えます。眉毛が太く、黒く豊かな髪は無造作に伸び、口もとを髭が囲んでいます。左手は頬に添えられ、人差し指と中指がぴんと伸びてこめかみに触れています。右手ははっきりとは映っていませんが、角度からするとペンを持っているのかもしれません。目線はカメラに向けられていますが、意識は次の言葉を探し求めているというような表情を浮かべています……

アントン・チェーホフ，1891年

＊＊＊＊＊＊＊＊＊＊＊

自分

あなたの理解を変えるきっかけとなった、啓示や屈辱の瞬間を語ってみましょう。自分の視点だけでなく、他の人たちがあなたのことをどのように受け止めたかについても記述してくださいね。（二ページ）

あとがき

生きるために書く

悲しみと喜びは真の兄弟である――ヒマラヤ山麓のカングラ地方でフィールドワークをしているとき、友人のウルミラジが教えてくれたパハリ社会のことわざです。日常生活において悲しみと喜びはどれほど緊密に結びついているか、そのことを「真の」兄弟という表現が強調しています。いとこだとか義理の親族以上に、二つは切ってもきれない関係にあるというわけです。文章を書いているときとか、これから書こうかなと思っているときに、このことわざをふと思い出すことがあります。書くという行為の中で、並行する言葉の流れにおいて、人生が映し出され、屈折するのと同じように、書くことはあなたを沈ませもするし浮上させもします。前に進むことができず、ただ空回りしているだけの自分に気づくこともあるでしょう。岸辺の泥沼にはまってしまって、まったく身動きがとれなくなってしまうことだってあると思います。逆に、恩寵に満ちた瞬間には、自分のまわりにある言葉に自然に引き寄せられて、その流れに身をまかせ、気持ちよく進んでいる自分に気づくこともあるでしょう。ひと息ついているときでさえ、まるで心の中で話しかけられているみたいに言葉や文章があなたのもとに届きます。そしてふたたびせっせとあなたは書き始めます。

他の作家たちは浮き沈みを繰り返しながらどうやって前に進み続けるのでしょう? 作家たちの洞

察に目を向けることが、自分にとって支えや慰めや励ましの源になっていることに私は気がつきました。人に話をすることでも心は救われます。詩、論文、エッセイ、メモワール、伝記、文章執筆についての本を読み、他の作家たちが執筆のプロセスについて語っている言葉に触れることも確かな支えとなります。

チェーホフのようにインスピレーションに恵まれ、目的意識が高く、建設的な人物でさえ、ときには気乗りがしなくなって不安に駆られることがあったみたいです。一八九一年の夏に彼がスヴォーリンに送った手紙——そのとき彼が腰掛けていた椅子はスカイプの夢で見た椅子だったかも——には潮の満ち引きのように自信を持てなくなることがあるんだ、と書かれており、私は胸を打たれました。五月、両親と兄弟と一緒に借りた小さなサマーコテージで彼はこんなふうに書いています。

　月曜、火曜、水曜はサハリンの本を書き、日曜以外の日は小説を書きます。日曜はとても短い話を書いています。仕事は楽しいけれど困ったことに家族が多いので、書いているときは他のザリガニと一緒にかごの中に放り込まれたザリガニのような感じで、なんだかごちゃごちゃしています。

明るく前向きに、チェーホフは同時に三つのジャンルの執筆に取り組んでいました。チェーホフ一家がもっと広い場所に移り住んだとき——それは薮が生い茂る土地に建っている古い家で来客用の部屋までありました——彼は新しいルーティーンを作り、腰を据えて創作活動に打ち込みました。伝記作家のドナルド・レイフィールドによれば「チェーホフは朝四時に起床し、コーヒーを淹れ、家族が起きだす一一時まで仕事をした。それから散歩し、遊び、昼食を食べ、キノコを採り、魚釣りをし、休憩をとるなどして過ごした。午後三時にふたたび仕事に取りかかり、夜九時まで執筆した。その後は夕食、トランプ、焚き火、しりとり、個人的・哲学的な議論、ご近所訪問をしていた」ということです。しかし八月になると、チェーホフはサハリンの本を書きながら、スヴォーリンに「もういやだ、うんざりだ」と愚痴をこぼすようになります。「三年とか五年とかかけてこの仕事に情熱を注ぎたいと思うこともあるよ。でもね、気分が落ち込んで、唾を吐きかけたくなることもあるんだ」と彼は打ち明けています。（数年後、彼はさらにショッキングな比喩を使って作家のリディア・アヴィロヴァに、自分が執筆から遠ざかっていることを伝えました。文学界というのはおそろしくうっとうしい世界で「最近ではペンを握ると、ゴキブリ入りのキャベツスープを食べているような嫌悪感を覚える。こんな比喩を使って申し訳ないけれど」と）

こんな気持ち、あなたにもお心当たりはありませんか？　脇目もふらぬ完全なる没入と深刻な自信喪失が代わりばんこにやってくる――残念ながら、これは書くという行為につきもののようです。少なくとも私の経験ではそうです。この悲しみと歓喜のサイクルが良い文章を生むかどうかを知る唯一の方法は、進み続けることです。

言葉とともに働くこと

ここでは文章を執筆するための一般的なツールをいくつか紹介しようと思います。そのほとんどは、文章作成に関する素晴らしい本（参考文献リストの最初のほうで紹介しています）ですでに取り上げられているものです。でも、優れた道具は何度も使うことで真価を発揮します。それと同じように、執筆を盛り上げる方法についても、折を見て読み返してみて損はありません。

- 語の意味的な広がりと柔軟性をくれぐれも大切にしてください。注意深く語を選択して、一語一語の文章的精度を高めましょう。シソーラス（類語辞典）をお手元に置いておくのが私のお勧めです。オンライン版も便利ですけど、関連語たちが構成している拡大家族みたいなまとまりをおさえ、意味合いの変化を捉えるには、『ロジェ・シソーラス』の紙の本がいいと思います。
- 動詞に目を光らせましょう。受動態の使用にはとくに用心が必要です。受動態構文の目じるしは《れる（れた）・られる（られた）》です。受動態は、世界がぴたりと静止しているように見える場合や、人びとが自分ではどうしようもない力に翻弄されている場面でお使いになると効果を発揮します。人びとが自ら行動し、主体的に戦略を考え戦術、行動を追求している場合は能動態に切り替えます。自分の文章に受動態を見つけたら、その行動を起こさせている主体は誰なのか（何なのか）とご自身にお訊ねください。主語を特定し、その行動や作用を視覚的にイメージし、動きを捉える強い動詞を定めるのです。
- 文章というものはすぐに重くなりがちです。文節が多すぎたり、イメージを詰め込みすぎると、文章はその重みに耐えかねてうめき声をあげ、力弱いものになってしまいます。重たい文章はとても小さな具体的なものにわけていきます。そしてそれをひとつずつ書いていきましょう。長い文章を美しい作品に織り込んでいる作家もいますが、彼らでさえものすごく神経を使って長い文章を書いているんです。

- とはいえ、文章がバラエティに富んでいることも大事です。なるべく文章のリズムや長さに変化をつけてくださいね。
- パラグラフもまた重たくなりがちです。ひと息いれられる場所がちっとも見当たらないと、読者はなんだか息苦しく感じてしまいます。私について言わせていただくと、一ページに少なくとも二つか三つは段落を入れるようにしています。
- 読者に対する親切心を持ちましょう！　なにしろ読者は忙しいのです。彼らが寄せてくれた関心は貴重なギフトです。他の人が書いた文章を読むとき、自分の時間やエネルギーが吸い取られているみたいな感じがして、腹立たしくなったことはありませんか？　ご自分の認識から一歩引いてみて、読者に苦労や負担をかける文章になっていないか想像をめぐらせてください。読者に首をひねらせるべきではないですよね？
- 書いた文章はできるだけ声に出して読みあげましょう。もしくは、少なくとも一字一句を味わうように時間をかけてゆっくり読みましょう。そうすればこの単語はちょっと変だなとか、ここはもうひとつリズムが良くないなとか、はっと気づきます。
- 読者に代名詞の先行詞を探させてはいけません！　学術的な文章に散見される問題なのですが、前の文のどこを指しているのかはっきりしないのはほんとに困りものです。
- 原稿を編集するときは、削ぎ落とせる部分がないか常にご自身に問いかけてください。全体の感じをつかむために紙に印刷して眺めることも必要かもしれません。あなたの言わんとしているキーポイントからエネルギーを奪っている要素を削り落とし、それを別のファイルに大切に保存しておいてください。そこから新しい文章が芽を出すこともありますよ。一文の中の一つ一つの単語に目を凝らし、摘み取ります。ご心配なく。いつかふたたびそれらを使う機会が訪れます。言葉を補わなければならない場合ももちろんありますが、そのときも明確な意図を持って語の選択に努めてくださいね。

執筆の過程

人類学者は儀礼論の専門家です。作家にとっても、儀礼はインスピレーションを呼び起こすのを手助けしてくれるんです。なぜなら儀礼は精神集中への移行をつくりだしてくれるし、他の雑務から時間を分離してくれるからです。そして連帯感も育んでくれるし、不安を和らげてもくれるんです。私の授業やエスノグラフィー執筆ワークショップでは、参加者たちに、実践している個人的な儀礼について話してもらうことがあります。ぐるっと一周みんなが話し終わると、ある人にとっては効果的な行為でも、他の人には笑っちゃうくらい風変わりなものに思えるものなんだな、とみんな気づきます。あなたもご自身が執筆するときの儀式について考えてみてください。お気に入りの椅子、ペン、字体、スウェットシャツ、食べ物、カフェのテーブル、音楽などなど、あなたに幸福感を与え、あなたを解放し、つながりの感覚をもたらすものたちを思い浮かべ、その経験知を上手に活用しながら執筆の過程を盛り立てましょう。

私の執筆は、まず心を落ち着かせることから始まります。神経質なおしゃべりたちを自分の中から締め出すんです。新しいアイデアやイメージが訪れるスペースを確保するために静寂を作り出します。私の場合、執筆がはかどるのは早朝です。それは、その日の予定や仕事が私の思考にまだ波風を立てていない凪のような時間帯です。早朝に腰を落ち着けて書くことができない日は、なんだか一日ずっと霧の中でさまよっているみたいな感じがします。私のそばにはいつもすべすべした紙質の日記帳と万年筆が控えています。パソコンに向かっているときフォントを変えると、あいまいだった記述がはっきりと書くべきかたちをとってあらわれてきたりします。濃いめのアッサムティーに適量のミルクを入れて飲むと、ほっと救われたような気持ちがします。ときたま音楽を聴きます。言葉に込めたい動きを感じるために。それから、散歩をすることもあります。

新しいプロジェクトに取りかかるときには、好奇心が私を後押ししてくれます。書くことで自分はいったい何を学べるのだろうというわくわくする気持ちは、常に私に新しいエネルギーをもたらしてくれます。好奇心はわきおこる自己不信感を鎮めてくれるし、書くという行為を、障害克服の場なんかではなく、すべてをあるがまま受け入れる空間に変えてくれます。好奇心が鈍ってしまいすっかり影をひそめてしまったように思えるときには、誰かと話をして、コミュニケーションをとることの楽しさや物事を新しく発見することの喜びを感じることをお勧めします。

私の場合は以上のようになります。ここからは、長年の観察や他の人の作法から得た気づきをまとめた、もう少し一般的なアドバイスをご紹介しましょう。

書き始める

- いつだってスタートするのにふさわしい時です。今すぐに「私が最も書きたいことは……」というプロンプトで書き始めるのもいいですし、あるいはふと浮かんだイメージや着想を書き留めるのもいいでしょう。
- ご自身の構想の概要をまとめ、それと関連づけながら作品の要約を作成しましょう。
- 書きたいと思っていることを目に見えるかたちにするためにアウトラインをお作りになるといいですよ。(旅行のとき参照する地図や行程表みたいなものです。他にもっといい比喩があるかもしれませんが、いずれにしろ、自分の進行状況を把握するのに役立ちます。)
- 全体のかたちが今ひとつはっきりしないときは、いちばん自分を元気づけてくれるエピソードやアイデアから手をつけてみてください。そうすれば自然に全体像が浮かび上がってきますから、ご安心ください。
- 執筆に取りかかるために、まずマントラになるような一行が欲しいと所望されておられる方も少なからずいらっしゃいます。どうか資料をご覧になってください。あなたが今までに書き残したものや他の人の言葉の中に、そんな魔法の一文が見つかるということが多々あります。
- 次の日にいちばん書きたいことをメモして、寝る前にメモを枕の下に置いてみましょう。(親友のおばあさんからいただいたアドバイスです。)
- なんだか落ち着いて執筆できないなというときは、書こうとしていることを友だちに話してみましょう。友だちの好奇心や興味、自然な共感があなたに、あなたの書こうとしている作品の価値を思い出させてくれます。書き始めるとき、その場にいてもらえないか頼んでみるのも良い方法です。

• 友だちと一緒に執筆する日時を決めましょう。対面が難しい場合にはリモートでも別にかまいません。お互いに執筆の目的を伝え、約束した日がきたら進行状況を報告し合います。

• 書き始める意思が熟すまでのあいだ、散歩をしたり泳いだり、サイクリングに出かけたりするのもけっこういいです。

• 気分がいい執筆空間を作ります。整理するのを先延ばしにしていた山積みの資料をすっきり片づけます。鉛筆を削り、花を飾ります。キャンドルを灯しましょう。あなたのミューズを迎え入れるために、あらゆる手を尽くしてください。

前に進む

• かならず毎日、外部の要求から自分の心身を切り離す時間をつくること。自宅でもいいし、オフィス、カフェ、図書館、公園のベンチでもいいですよ。

• すぱっとネット接続を切断しましょう。携帯電話をオフにして、目につかないところにしまいます。パソコンのワイヤレス接続も切ります。小さくて魅力的な気晴らし道具は人の時間を侵食し、とりとめのない思考のループへ連れ去ってしまいます。

• 執筆を後押ししてくれる音楽を吹き込んだプレイリストをかけます。学生たちの中には、よく知らない言語のワールドミュージックとか、心地よい音色の器楽音楽とか、ヘビーメタルをかけ、歌詞に気を取られないようにして執筆するという人がけっこういます（カセットテープが主流だった時代、私は博士論文をボブ・マーリーの元気をくれる軽快なレゲエに乗せて書きました）。「好きな音楽に合わせて踊ると、言葉が浮かんできやすいですよ」とある生徒は話してくれました。

• ほかにあなたを活気づけてくれるものがおありですか？　ある人類学者の友人の話では、文章のリズムが感じられるまでいつも外を歩くことにしているそうです（彼女が住んでいるところは雪が降らないし、氷も張りません）。ワークショップの参加者のひとりは自然の中の「もの」の動きを見つめていると言葉の流れがふっと浮かんできます、と言っていました。「僕はシャワーが大好きだから、たくさん書く日には何度もシャワーを浴びることにしているよ」という例もあります。別の友だちの話ですけど、彼は机の上に小さくて素敵なものを並べているそうです。そして宝石や貝殻、あるいは複雑な彫刻が施されたビーズなんかを、文章と文章の合間に手に取って眺めて感心するわけ、と言っていました。

• 静かな気持ちで、思考が自由にさまようことのできる空間を見つけましょう。私が大学一年生のとき、ライティングの担当教員だったグレース・ペイリーはクラスのみんなに「木の下に寝っ転がってみる」という課題を出しました。空に広がる枝のもつれがたまらなく素敵で、思わず息を呑みました。

• 手を動かして、何か他のものを作ってみることも有益です。私の場合、料理とか、ビーズアクセサリー作りのような手仕事が執筆に素敵な影響を及ぼしてくれます。私の学生も何人かお菓子作りのことを話してくれました（このクリエイティブな魔法を家族や友人や仲間たちは心から歓迎してくれてるそうです）。ある生徒は、ミシンを引っ張り出してきて、パッチワークのコラージュを作ります、と言っていました。

- 執筆時間を仕事のように扱いましょう。何ひとつインスピレーションがひらめかない場合でも、かならず一定の時間を執筆に注ぎ込みます。
- 定期的に自分に問いかけましょう。自分がいちばん伝えたいことは何か、と。たとえそれが課題とか論文とか出版契約とか外部から設定されたものであっても。
- 他の人がすでに発表した仕事があなたを圧倒しているのなら、自分の資料をあらためて見直すこと。あなたなりの新しい発見やあなたを支えてくれた多くの人たちの親切心に思いをめぐらせ、心を平静に保つのです。
- あなたが書いている人たちともう一度つながってみましょう。彼らがあなたのプロジェクトに興味を持ってくれることで、それを書きあらわすことがどうしてそんなに大切なことなのか再認識することができます（相手がさして興味を示さなくてもがっかりすることはありません。鼻高々という感じで私がスワミジに学位論文を持って行ったときなんか、「あっ、そう。その祭壇のところに置いといて」と言われました。論文の内容にちっとも関心を示してくれず、というか論文のことなんかそっちのけという感じで、彼はとても美味しいお菓子の作り方を教えてくれました。こんなふうにスワミジがさらっと軽く受け取ってくれたから、のちにそれを本としてまとめ直すとき、私もさらっと軽く書き直すことができました)。

• 作品の全体像を扱いやすい大きさに分割しましょう。「どこどこの部分をいついつに書こうと思っているかリスト」を作っておきましょう。

• 定期的に休憩をはさみましょう。でも、没頭して書いている自分がそこにいるのなら休むことなく書き続けてくださいね。なにしろ集中は貴重ですから。

• ささやかな達成(二ページ書き上げたとき? それとも五ページ? それとも節や章を仕上げたとき?)を果たした自分にご褒美を与えるのもいいですね。

• 行き詰まったときは、あとでそこを埋められるように空白をあけておきましょう。

• 一緒に書く友人を見つけましょう。ただし、どんなに面白い着想が浮かんでも、お互いのゾーンを侵さず、黙って書き続けるという約束をしておいてください。熱中している友人の姿が、あなたの背中をそっと押してくれます。

• 今書いていることよりも大きな物語に気を配る必要はありません。書くことの意味や目的なんかにも気をとられないようにしてください。ただひたむきに書き続けるだけです。

• たっぷり睡眠をとってください。どんな執筆スケジュールでも、たとえ締め切りが迫っていても、あなたのミューズのために休息時間をたっぷりとっておいてあげてください。

• もちろん、大切な自分の人生を楽しむということをお忘れなきよう。

スランプを乗り越える

●絶望なんてしちゃダメです。途中で煮詰まることは、作品完成までのプロセスの一部なんですから。休耕は、新しい収穫には欠かせない準備の段階。いずれ変化のときはやってきます。それがいつ、どのようにやってくるのかが見えていないだけなのです。

●ご自分が今何を感じているのかをお書きになってください。この本を執筆しているとき、完全に行き詰まった私はこんなメモを書きました。「外部からの要求に応じるかたちで書くというのは、甘い果汁を石から搾り出そうとするようなもの。本を書くというのは容赦なしのハードな仕事で、生半可なことでは道はまず開けてこない。構想は手の届かないところに飛び去る。力を込めてこぶしを握る。筋肉がきしみ、目に鋭い痛みが走るくらい集中する。身体中が悲痛な叫びをあげ、疲れ果て、悲しみに暮れる。それなのに何ひとつ得られない。書くことに命をふきこむという、あの明るい話はいったいどこへいってしまったの？　無理なんかしないで、やめちゃおうかしら？」私は自分の気持ちを表現することで安らぎを得ました。そして、こんな惨めな思いを抱えていても、ゆくゆくはそれが何かしらの洞察をもたらしてくれることになるのかもしれないと、希望が生まれました。

●どうして今この瞬間に自分は立ち止まってしまったのか、時間をかけてそのわけをゆっくりお考えになってみてください。ネガティブな感情が巨大化して、創造性が蝕まれているのではないでしょうか？　それとも、外部の評価に心が打ちのめされてしまっているのですか？　他人の厳しい評価のせいで、あなたの作品構想が台無しになってしまったみたいに感じられるのなら、ひとつ大きく深呼吸をして、その人の意図と視点を理解するように努めてみるのです。人には固有の美的感覚や目標があります。その違いに衝撃を受けて立ち上がれなくなるのではなく、しっかりと見きわめるのです。率直な批評は最高の敬意のあらわれであるかもしれないということを胸にとどめておいてください。誤解されたとか、過小評価されたという負の感情をひとまず脇に置いて、あらためて考え直してみるんです。あなたが得た批判的な見解から有益な観点を引き出せはしないでしょうか？（役立つものが何ひとつ見当たらないとしても、自分が今どう感じているか見つめ直しておくと、あなたは他人に対して建設的な批判ができる人間に成長できます。）

- もし組織に身を置いて書いているのなら、あるいは生計がかかっているのなら、あなたに特定の方向性を求めてくるその大きな力から目を逸らしてはいけません。こうした外部からの要求とかハードルというのはかしこくクリアしていくべきものであり、あなたが持っている創造性をあらわす指標にはなりません。公式の評価対象となっていない執筆プロジェクトに同時に取り組むことで、文章家としてのあなたの感覚に意義深い恩恵がもたらされることでしょう。
- 自分自身や自分のプロジェクトに対する信頼が根幹から揺らいでいるのなら、あなたのことやあなたが成し遂げようとしていることを信じてくれている友だちや家族に力を貸してもらってください。自分が今どんな状況にあるのか、そして、自分は彼らに何を求めているのかはっきり伝えるのです（言葉にしなくても、自分の心を相手は読んでくれるはずだなんて期待しちゃだめですよ、いいですね）。文章を読んでもらうのもいいでしょう。肯定的な言葉を適当に聞き流したりしないように。心して聞きとめてください。「これ、いい」とお感じになった言葉は書き留めておいて、あとでせっせと見直しましょう。

- あるいは、信頼できる作家仲間に連絡をとるのも有効な手です。進行状況を伝え合う定期報告会を持つのもいいですね。
- 執筆上の諸問題について他の作家たちが書いている文章を読んでみましょう。執筆が座礁してしまうと絶望的な孤独に陥ってしまいます。あなたが今取り残されたような気持ちになっている物悲しい荒野には実は過去にも多くの人たちが迷い込んでいたこと、そして現在も行き惑っている人びとがそこにはいることを、あなたはいつも胸に刻んでおくべきです。ライナー・マリア・リルケの『若き詩人への手紙』は私にとって長年にわたり癒しを与えてくれる言葉の泉でした。鍼灸師の友だちは私が絶望的な創造力の枯渇に苦しんでいるとき、ジュリア・キャメロンの『芸術家の道』を私に手渡してくれました。創造性を取り戻すためのキャメロンの数々のエクササイズのすべてをやり遂げることはできませんでしたが、この本が存在しているという事実と本の意図が私の気持ちを落ち着かせてくれました。一九五〇年代から『パリ・レビュー』がインタビューしてきた著名な作家たちの発言が公開されています。少し時間をとって閲覧してみてください。これはちょっとした宝の山なんです、ほんとに（https://www.theparisreview.org/interviews）。
- 前節「前に進む」を読み返してみましょう。役に立つヒントがあるかもしれませんよ。
- しっかりと休みをとりましょう。二、三日小旅行に出かけるのもいいですね。いささか勤勉すぎて、視野がせばまってしまったのかもしれません。くつろいで、新鮮な気持ちを取り戻されてはいかがでしょうか。そのあとであらためて執筆プロジェクトについてお考えになると、きっと前向きに物事が運ぶでしょう。

- 手持ちの資料を眺め、再開のとっかかりを見つけましょう。ページの編集、インタビューの書き起こし、参考文献リストの作成なんかお勧めです。手を動かしているうちに、作品の構想があなたを捉えたときの初心を思いだし、気づくとあなたはふたたび前に進もうとしているでしょう。

推敲する

執筆のどの段階においても、推敲は重要な鍵となります。文章を書いている仲間との交流は、作品を見直し、再考し、文章に磨きをかけるのを助けてくれます。作品を共有できる人たちがまわりにいらっしゃるのなら、以下のような質問を信頼できる人にぶつけてみてください。

- 「最初の一文だけど、読者を引き込むものになってた？　続きを読みたくなる文章だったかな？」
- 「この作品は『本質的には』何について書かれているものだと思う？」
- 「最も印象的だった場面、イメージ、転機はどこの部分だった？」
- 「段落と段落のあいだの論理的な流れは滑らかだった？　思考の展開とか、シーンが提示される順序について、ここはこんなふうに直したらいいんじゃないかなってところはあった？」
- 「心の中に作品の登場人物はちゃんと浮かんできた？　この作品はどんな感覚的な影響をきみにもたらしたのだろう？」
- 他の人の作品を読み、そこからあなたが学んだ長所を三つ挙げてください。賞賛を共有し、ポジティブな刺激を与え合いましょう。

書き終える

●書き終えるというのはほんとに難しいことです。締め切りのプレッシャーを上手に活用しましょう。締め切りみたいな外部的制約がない場合、誰かと「ふたりで同時に終わらせる」という約束をしておくと、すっと次に進めます。

●「原稿というのは変化するものなんだ」と捉えましょう。民俗学者の洞察が役に立ちます。人びとの口から語り出されるひとつひとつの物語は、その背後にあるもともとの大きな物語のひとつのバージョンに過ぎない、というものです。あなたの書いた作品も異なる声で、あるいは異なる視点から語り直すと別物になるひとつのバージョンです。そうか、複数のバージョンが可能なんだ、と心得ておけば、初稿を仕上げるときの重圧や批判的なコメントのとげとげしさもやわらぎます。

●この本のような長めの執筆に取り組んでおられる場合、終わりに近づく頃にはすっかり消耗してしまって、自分の視点や考え方がひどくあやふやで頼りないものに感じられるかもしれません。でも締め切りが迫っているのです、立ちどまってはなりません。いくら頑張っても自分の思考に対する不信感がむくむくとふくれあがり、こんな文章誰ひとり気にも留めないに決まってるよと思えてくるかもしれません。でも、その作品の執筆を思いたった過去の自分や、これまでの道のりで支援の手を差し伸べてくれた人たちのことを信じつづけてください。謝辞を書いてみましょう。親切な人びとの姿が目に浮かんでくるはずです。長い時間を要してしまった執筆プロジェクトに関する愚痴に忍耐強く付き合ってくれる友だちがいらっしゃれば、ぜひもう一度助けてもらってください。

・前もって「何を書くにしても完全で完璧な作品なんてありえない」と心に刻み、自分を許容してあげること。人生のすべての時間を注いでもひとつの作品を完璧にブラッシュアップしつくすなんてどだい無理な話です。最大の努力を注いだら、つぎは作品を手放す決意を固めるのです。

執筆プロジェクトもいよいよゴール目前です。でも、いいですね、何度も何度も自分の文章を読み返しましょう。それから、自分が表現しようとしたことのエネルギーをひりひりと感じられるようになるところまで、しっかりと修正を重ねてください。あなたの言葉には、生きてきた時代や場所、あなたが出会ってきた人びとや声、そして読者（それは知人だったり、直接会うことはない人だったりするでしょう）に対するあなた自身のちょっと風変わりな感度が響き渡っているはずです。チェーホフが私にとってそうであったように、文章の中にあなたが生きているのです。

お世話になったみなさんへ

「文章を書くことについての本を書いているんだけど、なかなか書けなくて」

朝、章の修正作業に行き詰まってしまい、気を取り直してこの謝辞の初稿に取りかかったその日の午後、私はある友人にそう言いました。彼とは偶然ばったりという感じで買い物中に会ったんですけど、他愛のない世間話をしていたら、今何を書いているのと彼に訊かれたんです。私の返事に彼は元気のいい、親しみのこもった笑い声をあげました。「そのジョーク面白い！」

そんなに面白かないわよ、と私は思いました。私は本書を執筆しているあいだ、とかくバランスや方向性を見失いがちでした。私を支え、前に進ませてくれた思いやりあるすべての人びとに心から感謝します。

一九九四年からエスノグラフィック・ライティングやメモワールの技法に関する授業やワークショップでともに学んでくださった参加者のみなさん、本当にありがとうございました。すべての方の名前を挙げるのはあまりにも人数が多すぎて無理ですが、本書はみなさんと一緒に学んだことの上に形作られています。とくに、文章執筆のヒントに関する部分には、みんなで語りあって共有したことががんがん響いていると思います。それから、これらのワークショップに支援の手を差し伸べてくれた仲間たち、ジョアン・マルケイ、キャシー・ロビンソン、ヘレナ・ウルフ、ルース・ベハール、ナリニ・ナタラジャン、エミリー・マーティン、キャサリン・マッカフリー、クリストファー・ケルティに感謝します。

執筆が難航したとき、胸に響いてきたのは恩師たちの言葉です。グレース・ペイリー、アラン・ダンデス、レナート・ロサルドにはとりわけ深く感謝しています。私のエスノグラフィーの書き方はレナートから強い影響を受けており、彼の励ましと助言がこの本の声色を決めるのに大いに役立っています。

執筆という孤独な旅路で、数多くの愛すべき友だちが伴走してくれました。本書には、彼らの存在が全体に染み込んでいます。みんな、ほんとにありがとう。みんなに助けてもらえなかったら、この本は形にはなれなかったと私は思います。ジョアン・マルケイは本書の構想の初期段階で、かけがえのないインスピレーションとアイデアを授けてくれたうえに、執筆と対話のために数日間をともにしてくれました。マリアン・ゴードはすべての章の初稿を読み、第二稿や三稿にも目を通してくれました。この本の構想に対する彼女の揺るぎない信念、私が成し遂げようとしていることの核心を見通す彼女の視力、編集者としての彼女の直感は、いったいどうして本書執筆の旅を始めたのか、その理由を私に繰り返し何度も思い出させてくれました。フランク・サロモンはあらためて私をチェーホフに引き合わせてくれ、チェーホフの関連資料にここまでのめりこんでいるんだからそれをこの本の全編で使ってみてはどうだろうと最初に提案してくれて、私が見出しているものを高く評価し、私を奮い立たせてくれました。ケビン・ドワイヤーは完璧に要点をおさえたコメントで、エスノグラフィーとチェーホフの両方に対してこの本をどのように位置づけることができるかを私に気づかせてくれました。ペギー・ヨーコムは毎週の執筆デートに付き合ってくれて、明るい友情の光で私を包んでくれました。アゲート・ネサウレは文章執筆についておしゃべりをしながらいつも新鮮なひらめきをもたらしてくれたし、とてもていねいに完全原稿に目を通してくれました。最終稿の仕上げの段階で私が完全に行き惑っているとき、マリア・レポウスキーの寛大で鋭敏で冷静な知性のおかげで私はふたたび前に進み始めることができました。

アン・ハガーソンには、本書の編集作業における多数のこまごまとした問題をすっきりとエネルギッシュに、驚くほど効率的に解決していただきました。スーザン・ロットマンは初稿に対して考え抜かれたコメントを述べてくれました。トム・ダーキン（社会科学図書館の素敵な司書さんです）は本書の執筆のための背景調査に黙々と手を貸してくれました。ピーター・アグリー、スーザン・バーンスタイン、ジュリー・クルイックシャンク、ジュリー・ダッチ、エリザベス・デサン、ルイス・コッホ、サラ・レヴィン、アーネスティン・マクヒュー、B・ヴェンカット・マニ、クリスティ・メリル、トッド・マイケルソン゠アンベラン、シドニー・ミンツ、ヘマント・シャー、ジャンヌ・ティームには途中途中で、原稿の一部に目を通してもらい、私は彼らの丹念な読みと洞察に勇気づけられました。

この原稿が最終的なかたちになるのを手助けしてくれたシカゴ大学出版局のスタッフのみなさんにも感謝しています。本書のアイデアの種子が芽吹くのを大切に見守ってくれたアラン・トーマス、査読の各段階で原稿の方向性を見い出し、エスノグラフィーの視点をわかち合ってくれたデイヴィッド・ブレント、制作に関する主要工程を敏速に先に進めてくれたローラ・エイヴィー。整理編集者のジョエル・スコアにお世話になるのはこれで二度目です。ありがとうございます。彼の細部への目配りと原稿整理のセンスは、編集の技法とその芸術性を私に具体的に示してくれました。原稿の下読みをしてくれたマイケル・ジャクソンとミシェル・ムラーノのコメントにも心から感謝します。

私の母ディディ・コントラクターは、この本のアイデアの最初の光がちらっと見えたときからずっと私の文章を読みつづけ、コメントを述べ、熱狂的な味方でいてくれました。彼女の存在と行為のおかげでこの本と私の文章はここまで育ちました。恩にきるわ、母さん。

そしてかけがえのない友であり、切れ者の仲間であり、ちょっと戸惑いがちな私のパートナー、ケン・ジョージ。あなたはいつだって、ありとあらゆる局面で（きりがなくなるから細かく言いません）私の執筆を支えてくれました。完成まであと少しというところで気持ちが折れてうなだれている私に向かって、あなたはこの本を「How-about（やってみようよ的）な本だね」と言ってくれました。そのとき私はほんとにびっくりしたし、すごくうれしくなったことを覚えています。そして、この本をかならず最後まで書き切って読者の手に届けなきゃと、新しい元気をもらうことができました。

注

以下の注はページ番号にもとづきます。引用でのアントン・チェーホフへの言及は「ＡＣ」と記します。

本書にようこそ

i－viii　注なのに出だしからなんだかたっぷり書き込みたくなってしまうんですけど、できるだけさらっと、私が重要だと感じた本と論文を紹介しますね。

エスノグラフィーは文化人類学以外にも多くの分野で取り入れられています――民俗学、社会学、歴史学、地理学、宗教学、教育政策、ジャーナリズム、法学、修辞学、文化研究、英文学、クリエイティブ・ライティングなどなど。研究手法としてのエスノグラフィーについても、多くの書籍が書かれています。人類学の教室でこれは使えるなと感じたり、同僚が薦めてくれた書籍としてAngrosino 2007, Davies 2002, Ellen 1984などがありますが、ほかにも数多くの案内書が出版されています。フィールドワークに関する論文集も参照してください（たとえばJackson and Ives 1996, Robben and Sluka 2007）。

エスノグラフィーについての本は数えきれないほどあって、とてもリストアップする気になれません。私が長年教室で使ってきた本としてAbu-Lughod 1993, Behar and Gordon 1995, Clifford 1988, Clifford and Marcus 1986, Dwyer 1982, Geertz 1988, Jackson 1989, Marcus 1998, Marcus and Fischer 1999, Rosaldo 1989, Stoller 1989, Van Maanen 1988, Wolf 1992などがあります。Gay Blasco and Wardle 2007はエスノグラフィーの読み方と同時に、書くことに駆り立ててくれるようなアイデアを授けてくれる本です。最近のエスノグラフィーに関する人類学者たちの考察を集めたものとして、アメリカ人類学会年次会議でのプレゼンテーションを編集したSharman 2007とWaterston and Vesperi 2009があります。共同研究的なエスノグラフィーについてさらに詳しく知りたいという方は、Lassiter 2005を参照してください。

エスノグラフィックな散文づくりのための実用的な戦略については、それほど多くの本が出ているわけではありません。Emerson, Fretz, and Shaw 1995を読むと、エスノグラフィックなフィールドノートの書き方を知ることができます。Sunstein and Chiseri-Strater 2002ではいろんな学部の学生に役立つフィールドワークのエクササイズ、文章の抜粋、文章エクササイズがまとめられています。Wolcott 2001は質的研究全般の執筆プロセスを解説しています。Crang and Cook 2007は人文地理学の研究の進め方とエスノグラフィーの書き方を結びつけながら論じている本です。Becker 1986/2007は社会科学全般における文章執筆に関する古典です。Luey 2004には、博士論文を本にして出版するための有効なアドバイスが書かれていますが、エスノグラフィックな論文の作成にもとても有用です。

クリエイティブ・ノンフィクションの作家たちが作品づくりについて深く掘り下げた本としてBarrington 1997, Cheney 2001, Forché and Girard 2001, Gutkind 2005, Talese and Lounsberry 1996があります。この大きな潮流は「ノンフィクション」（Zinsser 2006）や「第四のジャンル」（Root and Steinberg 2005）とも呼ばれています。ジャーナリストたちは「文学的ジャーナリズム」（Sims and Kramer 1995）、「新新ジャーナリズム」（Boynton 2005）、そして「ナラティブ・ジャーナリズム」（Kramer and Call 2007）について論じています。これらはエスノグラフィーとも深く関連します。Narayan 2007aでは、クリエイティブ・ノンフィクションの中にエスノグラフィーのツールを探っています。エスノグラフィーとフィクションの境界についてはNarayan 1999も参照してください。

チェーホフについて書かれた伝記の中で、Bartlett 2004, Chukovsky 1945, Coope 1997, Hingley 1976, Rayfield 1997はとりわけ洞察が豊かだと感じます。3章で私はチェーホフの同時代人による回想を引用していますが、ジャネット・マルコムはこれらの記述の事実性に疑問を呈しています。「名のある故人の沈黙は、自己顕示欲の強い生者にとって大きな誘惑となる。招待客のひとりとの親密さを誇張して主張することで、無名の冷たい空虚から抜け出し、後世の豪華なサロンに足を踏み入れることができる、そんなチャンスは見逃すにはあまりに惜しいものだ」と彼女はいつまでも記憶に残るような文章を書いています（Malcolm 2001: 79ページ）。参考文献としてBunin 2007, Gorky 1921, Gorky 1959: 134-68, Katzer 1960, Koteliansky 1927, Turkov 1990など。

私よりもずっと前に、数多くの作家がチェーホフに心動かされ、インスピレーションを受けていました。本書を書き始める数年前に、私はマルコムの『チェーホフを読む――批評の旅』（二〇〇一年出版）を読み、感銘を受けていました。この本には、チェーホフ作品に対する緻密で深い見識や、チェーホフの生涯をめぐる思索や、チェーホフと作中人物たちがかつて住んでいたロシア各地への旅の記録が織り込まれています。さらに、チェーホフの文学にどのように魅了されたかを作家たちが書いているものが収められており、その文章は私を魅了しました。ウラジーミル・ナボコフの『ロシア文学講義』（一九六〇年／一九八一年出版）におけるチェーホフに関する章、ジェームズ・ウッドのエッセイ「チェーホフの人生の意味」（一九九九年出版）、フランシーヌ・プローズの「私たちがチェーホフから学べること」（二〇〇六年出版）は本当に楽しい読み物です。チェーホフを讃えるために作家と学者が共同して作った貴重なアンソロジーとしてMcConkey 1984とFinke and Sherbinin 2007があります。

iii　自由記述（フリーライティング）。エルボーはこのコンセプトを次のように紹介しています。「文章を上達させる最も効果的な方法は、定期的にフリーライティングの練習をすることである。少なくとも週に三回。フリーライティングは『自動書記』『おしゃべり書き（babbling）』『ぺちゃくちゃ書き（jabbering）』と呼ばれることもある。単純な話、ともかく一〇分間書き続けることだ（慣れてきたら一五分とか二〇分に延ばしてもいい）。何があっても手を止めてはならない。急がずに、とつとつと書き進める。読み返したり、文章を消したり、スペリングで悩んだり、どんな考えや単語を使うべきか迷ったり、自分が何をしているのかを考えたりすることは厳禁だ。単語やスペリングが思い浮かばないときは、でたらめ語を書いたり、「思いつかない」と書けばいい。なにしろ何かを書き留めさえすればいい……唯一の条件は、決して止まらないことだ」（1998: 3）

vii　「読者としてこの手紙を書いています。」――ACからアレクサンドル・チェーホフへの手紙、一八八六年五月一〇日モスクワ（McVay 1994: 33）。この手紙は通読する価値があります。フィクションの執筆についてのチェーホフのアドバイスが書かれているからです。大きな情景を描出するために微細なディテールをどう使うか、その技法がそこには書かれています（この技法は、のちに『かもめ』において、自己陶酔的な作家トリゴーリンを描くさいに用いられています。とても印象的な描写です）。

1　ストーリーとセオリー

1　「どんな人たちなの？　面白い？」Chekhov 2004b: 476.

2　「友情、理性、進歩、自由」Chekhov 2004b: 477.

3　「文化を書く営み」非常に強い影響を及ぼした著作としてWriting Culture: The Poetics and Politics of Ethnography（Clifford and Marcus 1986）があります。対抗議論としてはWomen Writing Culture（Behar and Gordon 1995）、After Writing Culture（James, Hockey, and Dawson 1997）、Beyond Writing Culture（Zenker and Kumoll 2010）。

3　「なんだか民族学者みたいに重々しくて、ぶっきらぼう」Chekhov 1920a: 91.

3　「科学的目的と文学的目的」ACからM・N・ガルキン・ヴラスコイへの手紙、一八九〇年一月二〇日サンクトペテルブルク（McVay 1994: 84）。エスノグラフィーにおける相反する衝動という問題については、ふたつの簡潔な論文（Thornton 1983 および Tedlock 1991）がとくに示唆的でした。また Clifford 1988 のエッセイ集も参考になりました。

7　「パイル（山積み）からファイル（資料）へ」ジョエル・スコアに感謝します。

8　「クリエイティブ・ノンフィクション作家は」Cheney 2001: 2.

10　「シーモア・グラス」Salinger 1963: 161.

13　「厚い記述」ライルの言及についてはGeertz 1973: 6-7.

13　分析は思考の過程において物語のかたちを取るという考え方についてはとくにRosaldo 1989: 127-43. を参照。

14　「フィクションの本来の意味」Geertz 1973: 15.

15　「『ファクション』とは」Geertz 1988: 141. ギアツは別ジャンルでの経験が自分に影響を与えたことを認めています。彼はインタビュアーに対して「私はアンティオーク大学の学部生時代、小説家か新聞記者になりたかったんだ」と語っています。彼は未出版の長編小説や短編小説を書いたあと哲学に転じ、やがて人類学と出会います（Olson 1991: 189）。

16 「クローズアップ」「ロングショット」Barrington 1997: 82. さらに Cheney 2001. も参照。ノンフィクションの道具立ての中にはエスノグラフィーを書くことに役立つものがあると、私も議論したことがあります (Narayan 2007a)。

16 「一九五八年四月初め」Geertz 1973: 414.

17 「第三試合のさなか」Geertz 1973: 414–15.

18 「パリでは、からかわれることは受け入れられるってこと」Geertz 1973: 416.

19 シーンに劇的な効果を持たせる要素 Cheney 2001: 55.

19–20 「私は実際に起きた出来事を書き始め」Wright, in Queneau 1958: 15.

21 一九六〇年代インドネシアにおける国家暴力については George 2004. を参照。

21 「ローカルなイベントやそれに対してなされるローカルな語り」「前景にある関心事」「背景の条件」Moore 1987: 731. キース・バッソは自分の民族誌的研究方法を「重要な限られた出来事を適切に文脈の中に置き直すこと」と表現しています（Basso 1996: 110）。また、ドワイヤーは、出来事とそれを大きな文脈に位置づける対話を中心に据えた本を出版しています（Dwyer 1982）。

23 「シチュエーションとは文脈や事情であり」Gornick 2001: 13. 私はプロットを物語の大切な部分と考えており、その点でゴーニックとは見解を異にしています。ゴーニックによると、ある状況は、作家が特定の人物像（ペルソナ）を創造することによって、効果的に物語に変わると言います。彼女は愛読しているエッセイやメモワールの作者たちを見渡し、気がつきます、「いつだって作家は作品を作り上げるための深い理解を有している。そしてその知識を伝達するためにペルソナが作り出されている」(2001: 23)。

23 「君はだしぬけに」Malinowski 1922/1961: 4.

25 「現地人の視点」「我々は人間を研究しなければならない」「主観的欲求」Malinowski 1922/1961: 21.

26 「個別的なもののエスノグラフィー」アブー＝ルゴドはベドウィンの女性たちの生活を組織的な構造原則に照らしながら語り直し、文化の「均一性、一貫性、無時間性」という仮説にとらわれずに書く方法として、特定の人びととの生活を追求することを主張しています（Abu-Lughod 1993: 14）。フリッキガーの「ケーススタディのための事例」も参照（Flueckiger 2006: 22）。

27「物語を語るとき」Narayan 1989: 37. 物語のためのインタビューについてはNarayan and George 2000を参照。行為としての物語の政治性についてはJackson 2006を参照。

27「労働の道徳的意義」Chekhov 2004b: 461.

28「単にシーンを生き生きと描く」Strathern 1987: 257.

32「レッテルとかタグとかそういうのは偏見」ACからA・N・プレシチェーエフ（またはプレシチェエフ）への手紙、一八八八年一〇月四日モスクワ（Karlinsky 1975: 109）。

33「二兎を追う」「自分には職業がひとつではなく」ACからA・スヴォーリンへの手紙、一八八八年九月一一日モスクワ（Karlinksy 1975: 107）。

33「表現形態からすると小説は正妻みたいなもの」ACからA・N・プレシチェーエフへの手紙、一八八八年一月一五日モスクワ（McVay 1994: 72）。

33「僕はサハリンの本を書いています」ACからM・V・キセリョワへの手紙、一八九一年五月二〇日ボギモヴォ（McVay 1994: 109）。

35「チェーホフはキリンに」Chukovsky 1945: 24.

35「ブラズが僕の肖像画を」ACからA・A・ホイタインステヴァへの手紙、一八九八年三月二三日ニース（McVay 1994: 196–97）。

36「問題の解決と」「芸術家は観察し」ACからA・S・スヴォーリンへの手紙、一八八八年一〇月二七日モスクワ（McVay 1994: 61）。

37「新しい文学の形式」Chekhov 1987: 28.

37「なんの痕跡も残さずに」Chekhov 2004b: 536.

37「せっかくの一回きりの人生」Chekhov 2004b: 326. マルコムはちょっと違う感じで翻訳しています。「人生は一度きりなのだから大胆で、明晰な意識と美に満ちたものにしたい」（Malcolm 2001: 135）。

37「ただ死ぬために生きる」Gorky 1959: 164.

2　場所

41 「僕はすべてを目にしたんだ」「最終的にどんなかたちになるのか」ＡＣからスヴォーリンへの手紙、一八九〇年九月一一日 タタール海峡（Karlinsky 1975: 171）。カルリンスキーはクリロフに言及している部分を説明しています。チェーホフ自身は「もうこれで流刑地のことはおしまい」と言っていますが、彼が南へ移動するとそこでまた別の入植地が彼を待ち受けていたんです。

43 サハリンに対するチェーホフの関心についてはHingley 1976: 128を参照。

43-44 「少なくとも一〇〇ページか二〇〇ページは書いて」「耐えがたい苦しみの場」ＡＣからスヴォーリンへの手紙、一八九〇年三月九日モスクワ（Karlinksy 1975: 159–60）。

44 「一日中読み」ＡＣからＡ・Ｎ・プレシチェーエフへの手紙、一八九〇年二月一五日モスクワ（McVay 1994: 85）。

45 エスノグラフィーとしての『サハリン島』について、スラブ研究者キャシー・ポプキンは「エスノグラファーとしてのチェーホフ」という論文の中で、サハリン島のカオスに引きずりこまれたチェーホフの「認識の危機は、深刻な表現の苦悩を彼に引き起こしたと見られる」と述べています（Popkin 1992: 45）。彼女は、学者や作家たちがチェーホフの著作について提示してきた膨大な議論を整理し、『サハリン島』を「あらゆるジャンルの中で、最も奇妙な文書のひとつ」と評しています（1992: 48）。環境史と医療史の研究者コネヴァリー・ボルトン・ヴァレンシウスは医学地理学の観点からこの本の奇妙さを明らかにしています（Valenčius 2007）。本書をめぐる旅行、科学、文学のからみ合い、チェーホフとドストエフスキーの対話、ソルジェニーツィンとチェーホフの対話についてはRyfa 1999を参照。

46 エスノグラファーがフィールドを見出すことについてはGupta and Ferguson 1997, Low and Lawrence-Zúñiga 2003を参照。多地点フィールドワークについてはMarcus 1998, Falzon 2009を参照。

49 五感をフルに使うことについてはStoller 1989を参照。

50 「多義的なインドへの道」Singer 1972: 11–38. この視点を敷衍したオリエンタリズムの思潮についてはSaid 1978を参照。

51 フランス人の誤解としての「サハリン」Chekhov 2007: 48.

52 「シベリア総督」Chekhov 2007: 105. Brunello and Lenček 2008: 94–95. も参照。

52　「シゾフスカヤ通り」Chekhov 2007: 151.
53　「クソの影」Basso 1996: 24–27.
53　「白い岩の輪郭」Basso 1996: 93–95.
54　「降水日は年間平均」Chekhov 2007: 110.
54　「時刻は正午」Mead 1928: 20. 猛暑については Shore 1982: 5 および Taussig 2004: 31–40 も参照。
55　「今日の気温は」Vitebsky 2005: 154.
56　「私の家を囲んでいる排水溝」Causey 2003: 159.
57　「今、厚く湿った空気」Causey 2003: 159.
57　「深く湿気を吸い込むと」「日中は」Causey 2003: 160.
58　「水鳥たちの哀愁を帯びた鳴き声」Gibbal 1994: 11.
58　「内陸の小さな湖」Gibbal 1994: 13.
58　「ニジェール川は広がり」Gibbal 1994: 15.
59　「どんな思考も形成の基盤において」Burke and Gusfield 1989: 95.
60　「春、急流の雷鳴がとどろき」Briggs 1970: 16.
61　「壮大な力を持つ変身能力者（シェイプシフター）」「氷河が人間にそっくりな性向を持っている」Cruikshank 2005: 69.
62–63　「メタトゥスの社会空間の歩き方」Tsing 1993: 66.
64　「放棄された伐採道路」Tsing 2005: 29–30.
65　「移住村」Tsing 2005: 30.
66　「今では、タイガや沼地」Chekhov 2007: 75.
67–68　「不規則なかたちの緑のリボン」「煙突が長い影を落として」「茅葺き屋根」「しかし村を歩けば」Mintz 1974: 12.
69–70　「窓は開け放たれ」「寝具なんてもの」Chekhov 2007: 86.
71　「羊の毛皮のコート」Brunello and Lenček 2008: 96–97.
73　「他人（乞食や猫も含めて）」ACからニコライ・チェーホフへの手紙、一八八六年三月モスクワ（Chekhov

2004a: 60）。

73 「空地の奥には廃棄された金属製の」Bourgois and Schonberg 2009: 3.

75 鞭打ちの観察 Chekhov 2007: 291-94.

75 「壁に飛び散った血」「あの連中は私たちに」Das 2007: 194.

77 「たった一行かそこら」ＡＣからスヴォーリンへの手紙、一八九一年三月二七日 ボギモヴォ（Cooke 1997: 72）。

77 「政治的・社会的・経済的」ＡＣからアレクサンドル・チェーホフへの手紙（Karlinsky 1975: 87）。

79 「民族医学系の学部」Chukovsky 1945: 42. での引用文。

79 「マットレス、着古されて」「キャベツのピクルス」Chekhov 2000: 172, 173.

80 「弟さんを安心させて」ＡＣからからダビド・マヌチャロフへの手紙、一八九六年三月五日メリホヴォ（Chekhov 2004a: 341）。

3 人

83 「ロシアに行くとわかるが」Malcolm 2001: 22.

86 「立体的な」および「平面的な」な登場人物 Forster 1927/1955: 67-78.

88 「「クラシーヴィ」（姓は不詳）」Chekhov 1967: 45. 他の翻訳では、この男性は「親族のことを忘れたイケメン男」（Chekhov 2007: 78）や「姓を忘れたハンサム」（Chekhov 2008: 107）と書かれています。『サハリン島』やその他のチェーホフの作品を読んでいると、女性やマイノリティの描写の仕方に面食らうことがたびたびあります。でも常に変化していった彼の創作や活動の全体を視野におさめたとき、時代の偏見やありふれたステレオタイプを超えて彼自身が成長していくようすを感じ取ることができるように思います。

89 「それぞれが一瞬」Auster 1982/1988: 28.

89 「彼の手の大きさ」Auster 1982/1988: 29. 父親の孤立、内向的な性格、実の母親や兄弟に対する異常なまでの親密さが、衝撃的な家族の秘密によって形成されたと、オースターは考察しています。その秘密を彼は、いとこが飛行機でたまたま隣り合わせた、オースターの父親や兄弟が育った町の人物から知りました。しばらくしてこの見ず知らずの人物から送られてきた新聞の切り抜きから、オースターは、四〇年ほど前にウィスコンシンで暮らしていた自身のポーランド系ユダヤ人家族に決定的な影響を与えた出来事を再構築することができたのです。

91 「右目の虹彩が左目より」この詳細は Kuprin 1927: 44 から引いています。多くの人はチェーホフが青い目をしていたと記憶しているけれど、実際には「黒く、ほとんど茶色」だった、とクプリーンはわりに強い調子で主張しています（他の資料を見るとヘーゼル色や灰色と書かれていて、話はもっとややこしくなります）。ブラズの有名なチェーホフの絵では目は茶色で描かれており、兄のニコライが描いた肖像画でも目は茶色です。

93 「アントン・パブロヴィッチの部屋」Korovin 1990: 16–17.

95 「健康面においては」Knipper-Chekhova 1960: 36.

95 「そして彼は微笑みながら」Knipper-Chekhova 1960: 38. チェーホフはクニッペルの演技にいかに深く魅了されたかを、一八九八年一〇月八日にヤルタからスヴォーリンに書き送っています（McVay 1994: 203–4）。

97 「アントーシャは朝」Kuprin 1927: 62.

97 「歩き方も声も」Hingley 1976: 206–7. での引用文。

98 「タソと初めて会った日」Mintz 1974: 3.

99 「ここ数年で自分はこれほど」Chekhov 2000: 375.

100 「過ぎ去った歳月が彼の顔の輪郭を」Myerhoff 1978: 45.

101 「神の偉大な発明品」Myerhoff 1978: 69.

102 「縫いものをしているときは」Myerhoff 1978: 44.

102 「仕事には始まりも終わりもない」Myerhoff 1978: 47.

103 「彼はゆったりとした」Myerhoff 1973: 76.

104 「子どもの頃から女神」Narayan 1989: 48.

106 「私たちと並んですたすたと」「真の愛好者」Turner 1960: 334.

106 「かいつまんで言うと」Turner 1960: 343.

107 「チェーホフの世界において」Wood 1999: 87–88.『犬を連れた奥さん』の該当部分については Chekhov 2000:

374を参照。あわせてMalcolm 2001: 36–37も参照。

108 「アントノフスカという」数人が書いていますが、ここではMcVay 1994: 294を参照。

108 「彼の仕事にとって」Kuprin 1927: 60–61.

109 「僕は一〇〇パーセントの素敵な夫になってみせる」ACからスヴォーリンへの手紙、一八九五年三月二三日メリホヴォ（Chekhov 2004a: 333）。オリガ・クニッペルの伝記についてはPitcher 1979を参照。チェーホフとクニッペルの往復書簡（他人のラブレターを読むと気づまりを感じてしまいます）はBenedetti 1996に収録されています。

110 「シャンパンなんて」Knipper-Chekhova 1960: 55. マルコムは実例を挙げながら、この発話が繰り返し引用されていることを示し、このシーンが「文学史における偉大な定番」となったと述べています（Malcolm 2001: 62）。

111 「彼女の身体はがたがたと震え」Brown 1991: 61.

113 「スピリドン老人が体を前後に揺らして」Willerslev 2007: 1.

115 「私には、やることなすことすべてを」Read 1965: 16.

116–117 「第一幕の終わりで装填された銃」Nemirovich-Danchenko 1990: 92.

117 「彼の戯曲を詳しく」Nemirovich-Danchenko 1990: 91.

118 「その異彩を放っている目に」Chitau 1990: 99.

4 声

121 「彼はクチュック・コイという村に」Gorky 1959: 134–35. これよりもやや格式ばった声として翻訳したバージョンについてはGorky 1921: 1を参照。Chukovki 1945: 28にも、チェーホフが心を砕いた他の結核患者のことが書かれています。

123 「彼といると」Gorky 1959: 137.

124 会話から構成されているエスノグラフィーについては、とくにDwyer 1982; Tedlock and Mannheim 1995を参照。

125 「君はまるで劇場の観客」ＡＣからＭ・ゴーリキーへの手紙、一八九八年一二月三日ヤルタ（McVay 1994: 211）。

125 「もうひとつアドバイスです」ＡＣからＭ・ゴーリキーへの手紙、一八九九年九月三日ヤルタ（McVay 1994: 211）。

126 「彼の話し方はまるで」Auster 1982/1988: 29–30.

127 「深く、優しく」Gorky 1959: 139.

127 「深い金属音を伴う」Nemirovich-Danchenko 1990: 78.

127 「そっと撫でるような」Soulerzhitsky 1927: 171.

127 「頬杖をついて」Knipper-Chekhova 1960: 52.

127 「上機嫌に笑い声を立て」Stanislavski 1968: 89.

127 「純粋にロシア的」Nemirovich-Danchenko 1990: 78.

128 「ナポリ人が話すとき」Belmonte 1979: 5.

129 「ヘイト・アシュベリーでは」Wolfe 1968: 11.

133 「疲れ、衰弱」Scheper-Hughes 1992: 176–77.

133 「ネルボスと呼ばれている」Scheper-Hughes 1992: 177–78.

135 「ネルボスは貧しい人びと」Scheper-Hughes 1992: 195.

136 翻訳に関する議論についてはNarayan 1997: 223–25を参照。

137 「私の行動についての理解」Dwyer 1982: 225–26.

140 「時：一九九三年三月」Seizer 2005: 1-2.

143 「彼はそのときそこに」Tedlock 1993: 182-83. Tedlock 1983も参照。

146 「言葉のネックレスを」Behar 1993: 16. ライフヒストリーという形式についてはLangness and Frank 1981を参照。

147 「ヨンスの母の話」Kendall 1988: 10-11.

147 「彼女は楽しげに」Kendall 1988: 18-19.

148 「調査も終盤に」Stoller and Olkes 1987: 9.

151 「自分の考えを演説するのではなく」Stanislavski 1968: 81.

151 「そのモノローグの部分を全部」Stanislavski 1968: 113.

152 「僕は何度も耳にした」「ある村人がかつて僕に」Vitebsky 2005: 124.

154 「彼は銃を持ち」Abu-Lughod 1986: 230–31.

157 「大きな犬も小さな犬もいる」Bunin 2007: 20. この「吠え声」は、チェーホフの短編『カシタンカ』の中で音楽に合わせて吠える犬、カシタンカを思い起こさせます（Pitcher 1999: 86–104）。カシタンカの視点から書かれているこの物語では、自分の声で吠えたために引き起こされるさまざまな出来事が描かれています。

157 「チェーホフには、他の人の文学的な努力」「君の作品の主人公を愛する」「お決まりの言い回し」Shchepkina-Kupernik 1990: 59.

159 「素敵な出来事は」「心の中の絵を」Dhar 2005: 4.

159 「私にとって歌うという行為は」Dhar 2005: 5.

160 「まず自分の呼吸に耳を傾け」Dhar 2005: 67.

160 「その音を取って」Dhar 2005: 66–67.

161–162 調子はずれの歌 Dhar 2005: 97–98.

162 「これを別の表現に置き換えると」Mills 1959; Narayan 2008 を参照。

164 「街角の言葉」「芸術的な美しさを伝える」Nabokov 1960/1981: 252.

164 「彼はありとあるゆる言葉を」Nabokov 1960/1981: 253.

165 「物語がこの上なく自然に」Nabokov 1960/1981: 262.

5 自分

170 完全かつノーカットの書簡 Bartlett 2004. チェーホフが書いた手紙をMcVay 1994は年ごとに整理し、そこから重要な一節を精選しつつ、現存するすべての手紙について概要を付記しています。たとえば、一八九一年については二〇三通の手紙が現存していますが、言うまでもなく、実際にはもっとたくさん書かれたかもしれません。

170　「ある意味でチェーホフの手紙は」Bartlett 2004: xxxii.

170　「自伝恐怖症」「自分のことを詳しく書く」ACからグレゴリー・ロッシロモへの手紙、一八九九年一〇月一日ヤルタ（Bartlett 2004: 424）。なお一八九一年八月十四日ボギモボで書かれたアウグスチン・ヴルザル宛の手紙と、一八九二年二月二十二日にモスクワのウラジーミル・ティホノフ宛の手紙には、簡潔な自伝的な文章が見られます。

170　「私が本を手に取るとき」Chekhov 1987: 20. この言葉は、チェーホフの作品と彼の人生を結びつけて解釈するということに対して問いを投げかけているようにも読み取れます。

171　オートエスノグラフィーについては、とくにReed-Danahay 1997; Meneley and Young 2005を参照。オートエスノグラフィーという用語を使わずエスノグラファー自身のことを克明につづった研究として、McLean and Leibing 2007やCollins and Gallinat 2010があります。エスノグラフィックな作品に自分を対象として取り入れることの有効性について、Behar 1996; Dwyer 1982; Haraway 1988; Rosaldo 1989はインパクトのある議論を展開しています。

173　「自分を登場人物に変えるというのは」Lopate 2001: 44.

174　「夕暮れ時にノアと別れ」Jackson 2004: 10–11.

177　「『ニグロの民間伝承を集めてきていいよ』」Hurston 1978: 3.

178　「まさか、ゾラ・ハーストンじゃないよな！」「こんにちは、ハーストン」Hurston 1978: 34–35.

181　「私はまわりの目を見渡した」Ghosh 1992: 204.

182　「私はときどき、ナビールにあの話を」Ghosh 1992: 204-5.

182　「編集がずさんな映画」Ghosh 1992: 208.

183　「男たちは手足を切り落とされた」「象徴に対する」Ghosh 1992: 210.

185　「グルンの村では家の入り口が低い」McHugh 2001: 29.

187　「父親という重要な立場にある」「私たちの子どもたちは」「彼女は自分の世界と」McHugh 2001: 114.

189　「二〇年の歳月が過ぎ去って」Khosravi 2010: 22–23.

193 「空のボトルに息を吹きかけた」Chekhov 2004b: 263.

193 「今と同じような厳しい貧困と飢え」「そして彼は家に帰りたくない」Chekhov 2004b: 264.

193–194 「僕にはその情景が」Chekhov 2004b: 265.

194 「おばあさんが泣きだしたのは」「すると思いがけず」Chekhov 2004b: 266.

あとがき

200 「月曜、火曜、水曜は」ＡＣからスヴォーリンへの手紙、一八九一年五月一〇日 アレクシン（Chekhov 2004a: 281–82）。

200 「彼は朝四時に起床し」Rayfield 1997: 248.

201 「もういやだ」ＡＣからスヴォーリンへの手紙、一八九一年八月二八日ボギモヴォ（Chekhov 1920b: 268）。

201 「三年とか五年とかかけて」ＡＣからスヴォーリンへの手紙、一八九一年八月二八日 ボギモヴォ（Chekhov 1920b: 268–69）。

201 「最近ではペンを握ると」ＡＣからリディア・アヴィロヴァへの手紙、一八九八年六月二六〜二七日メリホヴォ（McVay 1994: 199）。

訳者あとがき

僕をこの本と引き合わせてくれたのは、ミネアポリスに暮らす詩人のRだった。二〇一六年一一月のことだ。彼女はスーダン内戦から逃れてきたディンカ人難民で、詩だけでは食べていけないので流しのタクシー運転手をしていた。僕はアメリカ人類学会での報告を終え、セントポール国際空港にむかう真夜中みたいに黒いプジョーの中で、四〇代なかばに達したこの詩人から『Alive in the Writing』の名前を聞いた。「私自身、難民経験を文章にするのにすごく役立っているんだよね」と、彼女はハンドルを握り、大きなアーモンドの形をした目をまっすぐにフリーウェイに向けたまま言った。

別れるとき、チップをはずんだ御礼みたいな感じで彼女がくれたメモリースティックの中には、音声ファイルがひとつだけあった。羽田行きデルタ機の中でそれを開くと、自作の詩を読み上げるRのおだやかな美しい声がヘッドフォンから聞こえてきた。「私は思い出す」というリフレインを持つ詩は、飢餓や爆撃や殺人や性暴力を取り上げながら、簡潔なリズムでヴァースごとに新しい事実を描写していた。叙情詩的な部分は「私は思い出す　亡くなった人たちのことで胸が痛いのに　悲しむための時間も平和的な場所もなかったことを」とたった一行あるだけで、あとはストーリーをよどみなく力強く前向きに動かしていた。まるで、この暴力的な世界にはびこる人間の弱さはそんなに簡単には切り取ることができない、と言っているみたいに。

帰国してすぐに『Alive in the Writing』を買った。ページを開くと、ラブリーな文章とクールな展開のおかげですいすい先に進み、ひと息に最後まで読み通すことができた。ミネソタの夜の高速をクルーズしているような、掛け値なしに素敵な読書経験を、僕は著者であるキリン・ナラヤンと難民詩人に感謝した。時が過ぎても愛着は去らず、やがてイントロ・パートと最初の章を通常文（ここで今書いているような文）で訳しはじめたのだけれど、どことなくひとサイズ小さな服を着ているみたいなしゃちほこばった感じになってしまって、もうひとつしっくりこなかった。なにか大切なものが失われていくような気がした。それから五年あまり、翻訳途中の原稿はフォルダの中にそっとしまわれていた。

二〇二二年四月から、社会学を専攻する韓国、中国、日本の大学院生たちと英語の文献を読むことになり、翻訳を再開することにした。「小さめの講義室で十五人くらいの生徒たちに打ち解けた言葉で語りかけるナラヤンさん」というイメージ――それはとても自然にくっきりと現実的な光景として僕の中に浮かんできた――で、あらためて頭から訳し直してみると、どこかとがった感じは消えてなくなり、感情が躍動するひとつの舞台が目の前にあらわれてきたように思えた。教室の声は僕を励まし、僕は訳者としてこの翻訳作業を心から楽しむことができた。院生たちは院生たちで意外にというか、かなり楽しみながら本書を熟読し、身を粉にしてエスノグラフィーの腕を磨いていた（おつかれさま）。

本書には、エスノグラフィーやノンフィクションや小説から文章がたくさん引用されている。それらのいくつかはすでに日本語訳が出ている。なかには相当な歳月を送り、訳文としての冴えを保っている名訳もある（たとえば柴田元幸訳『孤独の発明』、原卓也訳『サハリン島』、吉田・中牧・柳川・板橋訳『文化の解釈学』）。でも僕は本書を訳しながらそれらのクラシックスや先行訳文を参照しなかった。どうしたってそちらに引っぱられてしまうことはわかりきっていたからだ。小さな教室での親密な対話に、僕は静かに直接的に耳を澄ませたいと思いつづけた。

本書の訳文と先行の訳文を読みくらべて楽しみたいという熱心な読者も中にはおられるかもしれない。実際にそうしていただければ僕としてはとても嬉しい。

解説、ではなくて

梅屋　潔

一

本書の軽快なリズム感を損なわないように、ちょっとだけ気をつけながら書き起こすことにしましょう。

本書の解説を訳者の波佐間さんに依頼されたとき、私はちょっと戸惑いました。本の「解説」などというものは、その分野の大家が書くべきものだろう、ましてや私と訳者の波佐間さんはほぼ同じ時期にウガンダで調査を始めています。研究歴があまり変わらない私よりも、もっと年長の誰か、例えば斯界の重鎮に書いてもらうべきなのではないか、という感想を持ったからです。

しかし私は、波佐間さんのメールの文面を読み、メールに添付してあった本書の訳文を読んですぐに考え直し、波佐間さんがなぜ私に依頼を決めたのか考え、その判断を尊重することにしました。そしてすぐにどういった方向でこの文章を書くのがいいのか、ちょっと考えました。さてどうしよう。こんなスピーディでリズミカルな文章に、何を付け加えればいいのでしょうか。付け加えたことを後悔するような駄文はやはり、書きたくはありません。月並みな著者や訳者の賛美も、読者の不興を買ってしまうかもしれません。野暮にならないように、何を書くのがいいのでしょうか。また、解説というと何かいろいろなことを知り尽くした人が、知らない人に説き聞かせる、そんな印象も持ってしまいます。しかし、本書にそれが必要でしょうか？　できるならジャズのセッションとかのように、本文や訳者あとがきと響きあうトーンの文章にしたい、そう考えて私はこの文章を書いています。

私は本書の冒頭部に戻り、著者のアドバイスに耳を傾けることにしました。「私が一番書きたいものは……」というあれです。

二

依頼を受けて次に思い浮かんだのは、民族誌というものの背景を書き込むことです。訳文を見ると、本書はそれにも十分に気を配ってつくられていて、文学と民族誌は、深いところでつながっているんだよ、などと言っても、本書で説かれているごく当たり前のことを繰り返すことになってしまいそうです。それでも「一番書きたいこと」には違いないので一部を少し書き抜いてみましょうか。

……自分が所属していない社会や文化への関心は、人類が社会や文化を持ちはじめたころからのものでしょう。たとえば、「民族誌の父」とも呼ばれるヘロドトスの『歴史』や、シーザーの『ガリア戦記』などには、非常に注意深い異民族の生活や慣習への観察とその結果としての緻密な記述をみることができます。

日本についても、文字で書かれたその文化についての最古の記述が、その文化に属さない「他者」によって書かれたものであることは、たいへん重要な意味をもっていると思います。たとえば『魏志倭人伝』のことを考えてみましょう。著者は西晋の陳寿とされるこの書の記載は、高校までの日本史などでは女王卑弥呼のくだりのみが紹介されることが多いのですが、実は、その前段には、男女の入れ墨や化粧、髷の特徴、服装、兵器の種類、生野菜を食べること、埋葬の習慣や占い、一夫多妻制や社会的地位のありよう、犯罪に対する対処など、極めて民族誌的記述があります。残念なことにこれらの部分は、一般にはあまり参照されません。

また、マルコ・ポーロやイブン・バットゥータの紀行文なども、いずれも「民族誌」の先祖といってもいいと思います。今日の民族誌には、紀行文といい、歴史的な書物といい、いわゆる「調査報告」というもう一つのルーツとは別の、いわば文学的な流れがあることがわかります[1]……。

三

私の考えでは、本書を紹介するときに、民族誌と文学が似ている、というだけではまだまだ十分ではありません。「書くこと」は必ずしも一般的な意味での「他者性」にかかわらなくともいいのです。本書はもっと根本的な、まさに書くことは生きることだ、と言おうとしているからです。

細かな論証や理論的な枠組みをすべて省略して述べるなら、文章を書くことは、経験にもとづく現象や事実、出来事の「写像」を創り出す営みなのだろうと思います。おそらくその部分だけ取り上げれば、絵画とも、彫刻とも、舞踊やパフォーマンスとも類似します。人間の手になる、きわめて創造的な何かである、ということでしょう。何かを創造することに伴う快感と苦悩が、文章を書くことが精神療法などにも用いられたりする所以かもしれません。これまでなかった音や文字のコンビネーションを、新しい「写像」を読者、そして書き手の精神のなかに投影させることができるように整えること、それがおそらくは文章を書くことにほかなりません。

経験や現象、出来事は、必ずしも時系列に整理されて起きるわけもありません。そしてそのそれぞれの「意味」も多くの場合解釈に開かれています。解釈するのは、ある意味では、誰でもよいのです。本や論文なら読者でしょうし、その「作品」にアクセスする誰か、です。あまりに限定的だと、マニュアルのようなそっけないものになってしまうし、多くの人に開かれた詩のような形式も「写像」の多くは、物語の形式をとっています。この物語の筋（plot）は、本来未分化で無秩序にも見える経験、出来事に、骨格を与える文法や形式です。「作品」にアクセスする誰か、が「解読」「解釈」できるようにするには、ある意味ではこの形式に乗せなければならないでしょう。ただし、あまりに月並みな形式に月並みな内容を載せてしまうと、「陳腐化」してしまいます。一方であまりに画期的な形式や内容だと「解読」や「解釈」を拒否してしまうことになります。このあたりが文章に限らず、何かを「創作」するときの難しいところでしょう。

本書は、著者の豊富な経験を通じて、このあたりの「ノウハウ」を「ノウハウ」にとどまらない共感的な距離感で「How-about（やってみようよ）」という魅力的な提案書になっています。

四

本書は、文章を書くものについては実に役に立つことばかり書かれているのですが、例えば、第三章の「人物リスト」も参考になります。

私は著者のキリン・ナラヤンさんには会ったことがありませんが、大学院時代に彼女の書いた論文に最初に出会ったときのことは少し覚えています。あれは一九九三年か一九九四年、たぶん山梨県の別荘地だったでしょうか。私が卒業した高校の受験勉強合宿に混ぜてもらい、学生の引率の手伝いを名目に、三重県の尾鷲出身の高校の国語の先生に自分の論文の録音から起こしたテキストの校閲をお願いしにいったのでした。ちょうど出たばかりの『創造性／人類学』[2]を携えていました（付け加えると神田の北沢書店のシールが表紙裏にありました。このことは、ごく限られた層の方には、エピソードとしての意味を持つかもしれません）。

なぜか、その時のバーベキュー用の鉄板の赤錆の色、夜中に先生たちと多少たしなんだウイスキーのボトルの輝き、先生の言葉などを鮮明に覚えています。そしてその先生が、風の便りによれば、近頃どのような生活をしているか、など私の中でのエピソード記憶は千々に乱れてつながっていきます。しかし、このような私個人の経験と記憶に由来する細部は、かなりの工夫をしないと、みなさんに響くような、ナラヤンのことを伝えるのに有効なディティールにはなりません。

それよりは、ナラヤン自身が語ってくれているように、インド出身のアメリカ人であること（みなさんのなかには映画産業におけるボリウッドの歌と踊りに彩られた物語を想起する方もあれば、『マハーバーラタ』や『ラーマーヤナ』のような壮大な叙事詩を想起する方もあるでしょう）、民族誌を書く前から物語を書いていたこと、そして人類学だけでなくアラン・ダンデスのような民俗学者にも囲まれていたことに、本書の特徴と結びつく何かを見出すかもしれません。ひょっとすると、文化人類学の専門家界隈では、『創造性／人類学』の寄稿者が、レナート・ロザルドやジェームズ・フェルナンデス、バーバラ・バブコック、ドン・ハンデルマン、バーバラ・マイヤホフなど日本でも知られた（当時一世を風靡した）象徴人類学者であることに注目するかもしれません。

今読み返すと、ナラヤンは、論文のなかで、鼻を切り落とすことで神が見えるようになる、という一〇〇年ほど前の民話を現代のグルが、即興性を含んだ語り口で語りなおすことで、グルの教えが同時代的な活力を回復・維持することを説いていました。彼女は言います。

……宗教が信者に意味を提供し続けるためには、歴史の変化や人間の経験の変化に対応する必要があるのです。聖典に書かれた物語を、信者の日常生活と結びつけて意味のあるものにする。そのためには、継続的に解釈しなおされる伝統がなければなりません……そうして、物語はさまざまな視点から読み直されるのです。たとえば、キリストのたとえ話は、寓話的、歴史的、社会的相互作用的など、時代を超えて再解釈されてきました。……『ラーマーヤナ』には、サンスクリット語、現地語、書かれたもの、口承によるものなど……といった複数のバリエーションが存在し、そのすべてに宗教だけでなく集団のアイデンティティに関するステートメントが含まれています。

書かれた聖典は宗教を過去に固定するものですが、口頭で伝えられた教えは、また語りなおされることによって同時代のものとなります。……伝統的な物語は語り継がれるうちに形を変えていくのです。語り手は、ある物語をもとにしながら、歴史的状況が変化した別の聴衆の意見に合うように、その物語を形作るわけです。[3]……

ナラヤンさんの主張は、何十年経っても一貫していますよね。引用した部分の主旨にも合致しています。彼女自身がまさに一〇〇年後に民話を語りなおしたグルのようです。

五

さて、訳者波佐間逸博さんとは、私のフィールドノートによれば、一九九八年八月二五日が初対面でした。[4]それから現在までいくつもの研究プロジェクトに一緒に参加し、様々な経験を共有しています。[5]初対面の時の追い詰められたようなちょっと悲しげなまなざしも印象的でした。その直前、ダムの撮影をしようとして警察に逮捕されそうになったようですから、そのせいかもしれません。あるいは、私自身も追い詰められたような眼をしていたかもしれません。私たちに限らず、フィールドワークを始める大学院生には、そのフィールドワークがうまくいくかも、また終わった後のことも何も保証はなかったからです。その後しばらくすると悲しげなまなざしの印象は薄れ、ときに見せてくれる微笑みが魅力的だと考えるようになりました。会ったことがある方はご存じかもしれませんが、ちょっと黙っていると怖い感じもします。彼が一緒に研究するウガンダ北東部に住んでいるカリモジョンの人たちもそうなのですが、基本的には表情が読めません。

個人的には、二〇一七年七月に一緒に新潟県の佐渡で合宿を張った際の印象が強く残ります。波佐間さんの小さなスーツケースと（スーツケースに鍵はめったにかけないようです）、私たちの宿舎の冷房の効きすぎた冷たい部屋でタオルケットを頭からかぶって眠っている姿を思い出します。

その合宿では、今はこの世にいないナイジェリアの詩人であり文学者ハリー・ガルーバや、カメルーン出身の人類学者で哲学者、フランシス・ニャムンジョも一緒でした。そういえばその時のことは、私たちはどこにも書いていないことに今、気づきました。実は写真もあまり撮っていませんでした。月並みですが、あまりに濃密な経験で、記録にまで頭が回らなかったようです。

ちょうどミラーボールか何かのように、きらきらその場その場のエピソードが浮かんでは消えますが、それはまた別の物語で書くことが妥当なのかもしれません。ナラヤンと違い、波佐間さんは文章を書くこと、物語の語り方について何かをさほど明示的には語っていないかもしれませんが、この訳文のなかに、物語を語るのと同じ作業――文字のコンビネーションを創造的に並べ変えること――を、細心の注意を払って行っていることは間違いありません。[6] 最近では、牧畜民たちの語る歌の翻訳などに力を注いでいると聞いています。本書では冒頭に書いたように原文の勢いをよく反映した、闊達な訳文をみなさんの前に提供しています。

六

さて、最後に改めてもう一度まとめめいたことを言うとすれば、本書は、こうした著者と訳者の意図がみごとに結実した、文章を書く＝生きるための実践に読者をいざなう格好のドリルになっていると思います。本書を手に取るみなさんは、解説を読むなどという面倒なことをする前に、パソコンを開き、ワープロソフトを立ち上げて、著者のインストラクションに従って何か書いてみていただくのが何よりもいいでしょう[7]。

本書を手にしたみなさんの本書とのかかわりも、本書が媒介する新しい関係性であり、新しい物語の登場の兆しであることにはちがいありません。著者ナラヤンさんも訳者波佐間さんも、私もまったく知らなかった、みなさんそれぞれの本書の読み方と活用方法が、物語をまた「語りなおす」ことになるのです。

本書に導かれて、読者のみなさんが新しい言葉の可能性、文字や単語のコンビネーションに創造的な「何か」を付け加え、新たな形での現実や出来事、経験の「写像」を創造することができることを確信し、待ち望んでいます。そしていつかそれと気づかないままに著者や訳者がその創造物に邂逅すること、私はそうした互酬性のネットワークが成立し、人の作ったアートが循環するような世界でありうると、少なくとも信じることができることを喜びたいと思います。

注

［1］「解説」草稿、未刊行。もともとは、梅屋潔「フィールドワークと文化人類学――「民族誌する」とはどういうことか?」梅屋潔・シンジルト編『文化人類学のレッスン――フィールドからの出発』学陽書房、二〇一七年、二五一四九ページの議論を範囲を限定して膨らませようとしたものであった。

［2］ Lavie, S., K. Narayan and R. Rosaldo (eds), *Creativity/Anthropology*, Ithaca and London: Cornell University Press, 1993.

［3］ Lavie, S., K. Narayan and R. Rosaldo (eds), *Creativity/Anthropology*, Ithaca and London: Cornell University Press, 1993, p. 48.

［4］ 梅屋潔「アチョワ事件簿――あるいは「テソ民族誌」異聞」『アリーナ』第四号、三二八―三四六頁、人間社、二〇〇七年。

［5］ 科学研究費補助金基盤研究（B）「アフリカン・シティズンシップの解明――ウガンダ社会の動態とシティズンシップの関連性」（16H05664）、基盤研究（B）「難民の尊厳に基づくグローバル・ガバナンスの再構築――ウガンダ社会を事例に」（22H03828）、基盤研究（B）「アフリカ在来知の実践的研究――持続可能な共生社会の実現のために」（22H00920）、基盤研究（A）「「妖術」はどこから犯罪か？――旧英領アフリカ諸国の司法判断の合理性」（22H00035）、二国間交流事業「21世紀の南アフリカと日本におけるシティズンシップ」「自然災害人的災害に対するレジリエンスの研究――日本と南アフリカの民族誌から」など。とくに、二国間交流事業はケープタウン大学のフランシス・ニャムンジョのリーダーシップのもと、Itsuhiro Hazama, Kiyoshi Umeya and Francis B. Nyamnjoh（eds）. *Citizenship in Motion: South African and Japanese Scholars in Conversation*. Bamenda: Langaa, 2019, Tamara Enomoto, Marlon Swai, Kiyoshi Umeya, Francis B. Nyamnjoh（eds）. *Bouncing Back: Critical Reflections on the Resilience Concept in Japan and South Africa*. Bamenda: Langaa, 2023. という二冊の英文論文集に結実した。

［6］ カリモジョンの牧歌を分析する際にみられる「歌い手としての個人の生のストーリーは、歌とダンスの場（エドガ）においてダイナミックな歌声となって響き渡る」という記述は、類似した立場、ひいては本書を訳そうとおもいたったところの根底にあるのかもしれない。波佐間逸博『牧畜世界の共生論理――カリモジョンとドドスの民族誌』二〇一五年、京都大学学術出版会、二〇二―二〇三頁。

［7］　著者のいうように、どこからでも始められるところから始めることができると思いますが、私としては最後に「あとがき」で列挙してある教訓めいたことどもがすべて、「そうだ、そうだ」とうなずかされることばかりでした。今現在博士論文の草稿を書きながら呻吟しているはずの大学院生にも教えてあげようと思っています。

著者について

キリン・ナラヤン（Kirin Narayan）

一九五九年インド生まれ。一九七六年に大学進学のため渡米。カリフォルニア大学バークレー校で博士号を取得。オーストラリア国立大学アジア太平洋学部名誉教授。ジョン・サイモン・グッゲンハイム記念財団選考委員。グルとそのアメリカ人の弟子たちと過ごした少女時代の回想録『Storytellers, Saints, and Scoundrels: The Folk Narrative in Hindu Religious Teaching』は個人と文化、記憶と想像、現実と物語の境界線の不分明を描き出し、リリカルでユーモアあふれる文体と相まって大きな注目を浴び、ヴィクター・ターナー賞、エルシー・クルーズ賞を受賞した。以後も『Mondays on the Dark Night of the Moon: Himalayan Foothill Folktales』、『Everyday Creativity: Singing Goddesses of the Himalayan Foothills』、『My Family and Other Saints』、『Cave of My Ancestors: Vishwakarma and the Artisans of Ellora』などの意欲的なエスノグラフィーのほか、小説作品『Love, Stars and All That』を発表している。本書『Alive in the Writing: Crafting Ethnography in the Company of Chekhov』にはジョージ・マーカス、ハワード・ベッカー、ジェイムズ・クリフォード、アブー゠ルゴドが思慮深い賛辞を送っており、詩人で人類学者のルース・ベハールは「この本を読むと、あなたはいてもたってもいられなくなってチェーホフの本を読み、そのあと、じっさいに自分の手を動かして文章を書かないではいられなくなると思います」と評している。

訳者について

波佐間　逸博（はざま　いつひろ）

一九七一年東京生まれ。東洋大学社会学部教員。

早稲田大学を卒業後、京都大学大学院に進学し、一九九八年より、ウガンダとケニアの国境地域でナイル系の遊牧民家族と暮らし、生態人類学的なフィールドワークを行なっている。著書に『牧畜世界の共生論理――カリモジョンとドドスの民族誌』、『レジリエンスは動詞である――アフリカ遊牧社会からの関係／脈絡論アプローチ』（共著）、『Citizenship in Motion』（共編著）、訳書としてインボロ・ムブエ著『僕らはとびきり素敵だった』など。『レジリエンスは動詞である』に収められた「セカンド・シティズンの幸福」は本書『文章に生きる』のプラクティスをベースにして描かれた短編エスノグラフィーである。

梅屋　潔（うめや　きよし）（解説）

一九六九年静岡生まれ。神戸大学大学院国際文化学研究科教授。ケープタウン大学客員教授（二〇一九―二〇二〇）、ランガア研究所名誉研究教授。

慶應義塾大学文学部、大学院社会学研究科修士課程修了後、一橋大学大学院に進学。一九九七年よりウガンダ東部トロロ県を中心に暮らす有畜農耕民アドラの村をベースにフィールドワークを行ってきた。著書は『福音を説くウィッチ』、『Gospel Sounds like the Witch's Spell』（JCAS賞受賞）、『Bouncing Back』（共編）など。翻訳に、フランシス・ニャムンジョ「開発というまぼろしが、ウィッチクラフトの噂を広げているのだ」（『思想』）、ニャムンジョ「アフリカらしさとは何か――ウブントゥという思想」（『世界』）などがある。

索　引

■さ行

■た行

■な行

■ら行

■わ行

読書案内と参考文献

文章作成に役立つ本

エスノグラフィーだけでなく、一般的な文章作成についても、多くの本が素晴らしいアドバイスを提供しています。ここにあげたのは、私を強く勇気づけてくれた、有益な古典や、最近発見した本たちです。今回これらの愛読書を一つ一つ詳しく読み返して特定の箇所を引用したわけではありませんが、本書を背後から支えてくれている心やさしい本たちです。

Barrington, Judith. 1997. *Writing the Memoir: From Truth to Art.* Portland, OR: Eighth Mountain Press.

Brande, Dorothea. 1934. *Becoming a Writer.* New York: Harcourt, Brace & Co.

Cameron, Julia. 1992. *The Artist's Way: A Spiritual Path to Higher Creativity.* New York: Jeremy P. Tarcher.［J. キャメロン／菅靖彦（訳）（2017）『ずっとやりたかったことを、やりなさい。』サンマーク出版］

Cheney, Theodore A. Rees. 2001. *Writing Creative Nonfiction: Fiction Techniques for Crafting Great Nonfiction.* Berkeley, CA: Ten Speed Press.

Forché, Carolyn, and Philip Gerard, eds. 2001. *Writing Creative Nonfiction: Instruction and Insights from Teachers of the Associated Writing Programs.* Cincinnati: Story Press.

Goldberg, Natalie. 1986. *Writing Down the Bones: Freeing the Writer Within.* Boston: Shambhala.［N. ゴールドバーグ／小谷啓子（訳）（2006）『魂の文章術――書くことから始めよう』春秋社］

King, Stephen. 2002. *On Writing: A Memoir of the Craft.* New York: Scribner.［S. キング／田村義進（訳）（2013）『書くことについて』小学館（小学館文庫）］

Kramer, Mark, and Wendy Call, eds. 2007. *Telling True Stories: A Nonfiction Writers' Guide from the Nieman Foundation at Harvard University.* New York: Plume.

Lamott, Anne. 1995. *Bird by Bird: Some Instructions on Writing and Life.* New York: Anchor.［A. ラモット／森尚子（訳）（2014）『ひとつずつ、ひとつずつ――「書く」ことで人は癒される』パンローリング］

Le Guin, Ursula K. 1998. *Steering the Craft: Exercises and Discussions on Story Writing for the Lone Navigator or the Mutinous Crew.* Portland, OR: Eighth Mountain Press.

Rilke, Rainer Maria. 1984. *Letters to a Young Poet.* Trans. Stephen Mitchell. New York: Random House.［R. M. リルケ／高安国世（訳）（2007）『若き詩人への手紙 若き女性への手紙』新潮社（新潮文庫）］

Strunk, William, and E. B. White. 2005. *The Elements of Style.* New York: Penguin.

［W. ストランク Jr.（原著）; E. B. ホワイト（改訂増補・解説）／松本安弘・松本アイリン（訳）（1979）『英語文章読本』荒竹出版］

Ueland, Brenda. 1987. *If You Want to Write*. 2nd ed. Saint Paul, MN: Graywolf Press.［B. ウェランド／浅井雅志（訳）（2004）『本当の自分を見つける文章術』アトリエ HB］

Zinsser, William Knowlton. 2006. *On Writing Well: The Classic Guide to Writing Nonfiction*. 30th anniversary ed. New York: HarperCollins.［W. ジンサー／染田屋茂（訳）（2021）『誰よりも、うまく書く ── 心をつかむプロの文章術』慶應義塾大学出版会］

参考文献

Abu-Lughod, Lila. 1986. *Veiled Sentiments: Honor and Poetry in a Bedouin Society*. Berkeley: University of California Press.

———. 1993. *Writing Women's Worlds: Bedouin Stories*. Berkeley: University of California Press.

Agee, James, and Walker Evans. 1960. *Let Us Now Praise Famous Men: Three Tenant Families*. New York: Ballantine Books.

Angrosino, Michael V., ed. 2007. *Doing Cultural Anthropology: Projects for Ethnographic Data Collection*. Long Grove, IL: Waveland Press.

Auster, Paul. 1982/1988. *The Invention of Solitude*. New York: Penguin.［P. オースター／柴田元幸（訳）（1996）『孤独の発明』新潮社（新潮文庫）］

Barrington, Judith. 1997. *Writing the Memoir: From Truth to Art*. Portland, OR: Eighth Mountain Press.

Bartlett, Rosamund. 2004. *Chekhov: Scenes from a Life*. London: Free Press.

Basso, Keith H. 1996. *Wisdom Sits in Places: Landscape and Language among the Western Apache*. Albuquerque: University of New Mexico Press.

Becker, Howard. 1986/2007. *Writing for Social Scientists: How to Start and Finish Your Thesis, Book, or Article*. With a chapter by Pamela Richards. 2nd ed. Chicago: University of Chicago Press.［H. S. ベッカー／小川芳範（訳）（2012）『ベッカー先生の論文教室』慶應義塾大学出版会］

———. 2007. *Telling about Society*. Chicago: University of Chicago Press.

Behar, Ruth. 1993. *Translated Woman: Crossing the Border with Esperanza's Story*. Boston: Beacon Press.

———. 1996. *The Vulnerable Observer: Anthropology That Breaks Your Heart*. Boston: Beacon Press.

Behar, Ruth, and Deborah A. Gordon, eds. 1995. *Women Writing Culture*. Berkeley: University of California Press.

Belmonte, Thomas. 1979. *The Broken Fountain*. New York: Columbia University Press.

Benedetti, Jean. 1996. *Dear Writer — Dear Actress — The Love Letters of Olga Knipper and Anton Chekhov*. London: Methuen Drama.

Bourgois, Philippe, and Jeff Schonberg. 2009. *Righteous Dopefiend*. Berkeley: University of California Press.

Boynton, Robert S. 2005. *The New New Journalism: Conversations with America's Best Nonfiction Writers on Their Craft*. New York: Vintage.

Brown, Karen McCarthy. 1991. *Mama Lola: A Vodou Priestess in Brooklyn*. Berkeley: University of California Press.

Bunin, Ivan A. 2007. *About Chekhov: The Unfinished Symphony*. Trans. and ed. Thomas Gaiton Marullo. Evanston, IL: Northwestern University Press.

Burke, Kenneth, and Joseph R. Gusfield. 1989. *On Symbols and Society*. Chicago: University of Chicago Press. [K. バーク／J. R. ガスフィールド（編）／森常治（訳）（1994）『象徴と社会』法政大学出版局]

Causey, Andrew. 2003. *Hard Bargaining in Sumatra: Western Travelers and Toba Bataks in the Marketplace of Souvenirs*. Honolulu: University of Hawai'i Press.

Chekhov, Anton Pavlovich. 1920a. *The Chorus Girl and Other Stories*. Trans. Constance Garnett. New York: Macmillan.

———. 1920b. *Letters of Anton Chekhov to His Family and Friends, with Biographical Sketch*. Trans. and ed. Constance Garnett. New York: Macmillan.

———. 1967. *The Island: A Journey to Sakhalin*. Trans. Luba and Michael Terpak. New York: Washington Square Press. [A. P. チェーホフ／原卓也（訳）（2009）『サハリン島』中央公論新社]

———. 1973. *Letters of Anton Chekhov*. Ed. Avrahm Yarmolinsky. New York: Viking.

———. 1987. *Notebook of Anton Chekhov*. Trans. S. S. Koteliansky and Leonard Woolf. New York: Ecco Press.

———. 2000. *Stories*. Trans. Richard Pevear and Larissa Volokhonsky. New York: Bantam Books.

———. 2004a. *Anton Chekhov: A Life in Letters*. Trans. and ed. Rosamund Bartlett. London: Penguin.

———. 2004b. *The Complete Short Novels*. Trans. Richard Pevear and Larissa Volokhonsky. New York: Everyman's Library.

———. 2007. *Sakhalin Island*. Trans. Brian Reeve. Oxford: Oneworld Classics.

———. 2008. *How to Write Like Chekhov: Advice and Inspiration, Straight from His Own Letters and Work*. Ed. Piero Brunello and Lena Lenček. Trans. Lena Lenček. Cambridge, MA: Da Capo Lifelong.

Cheney, Theodore A. Rees. 2001. *Writing Creative Nonfiction: Fiction Techniques for Crafting Great Nonfiction*. Berkeley, CA: Ten Speed Press.

Chitau, M. M. 1990. "The Premiere of *The Seagull* (Reminiscences)." In *Anton Chekhov and His Times*, ed. Andrei M. Turkov, 94–99. Trans. Cynthia Carlile.

Moscow: Progress Publishers.
Chukovsky, Kornei. 1945. *Chekhov the Man*. Trans. Pauline Rose. London: Hutchinson.
Clifford, James. 1988. *The Predicament of Culture: Twentieth-Century Ethnography, Literature, and Art*. Cambridge, MA: Harvard University Press. ［J. クリフォード／太田好信ほか（訳）（2003）『文化の窮状 ── 二十世紀の民族誌、文学、芸術』人文書院］
Clifford, James, and George Marcus, eds. 1986. *Writing Culture: The Poetics and Politics of Ethnography*. Berkeley: University of California Press. ［J. クリフォード・G. マーカス（編）／春日直樹ほか（訳）（1996）『文化を書く』紀伊國屋書店］
Collins, Peter, and Anselma Gallinat, eds. 2010. *The Ethnographic Self as Resource: Writing Memory and Experience into Ethnography*. New York: Berghahn Books.
Coope, John. 1997. *Doctor Chekhov: A Study in Literature and Medicine*. Chale: Cross Publishing.
Crang, Mike, and Ian Cook. 2007. *Doing Ethnographies*. Los Angeles: Sage.
Cruikshank, Julie. 2005. *Do Glaciers Listen? Local Knowledge, Colonial Encounters, and Social Imagination*. Vancouver: University of British Columbia Press; Seattle: University of Washington Press.
Das, Veena. 2007. *Life and Words: Violence and the Descent into the Ordinary*. Berkeley: University of California Press.
Davies, Charlotte Aull. 2002. *Reflexive Ethnography: A Guide to Research*. New York: Routledge.
Dhar, Sheila. 2005. *Raga'n Josh: Stories from a Musical Life*. New Delhi: Permanent Black.
Dwyer, Kevin. 1982. *Moroccan Dialogues: Anthropology in Question*. Baltimore: Johns Hopkins University Press.
Elbow, Peter. 1998. *Writing without Teachers*. 25th anniversary ed. New York: Oxford University Press. ［P. エルボウ／月谷真紀（訳）（2024）『自分の「声」で書く技術 ── 自己検閲をはずし、響く言葉を仲間と見つける』英治出版］
Ellen, Roy, ed. 1984. *Ethnographic Research: A Guide to General Conduct*. London: Academic Press.
Emerson, Robert M., Rachel I. Fretz, and Linda L. Shaw. 1995. *Writing Ethnographic Fieldnotes*. Chicago: University of Chicago Press. ［R. M. エマーソン・R. I. フレッツ・L. L. ショウ／佐藤郁哉・好井裕明・山田富秋（訳）（1998）『方法としてのフィールドノート ── 現地取材から物語（ストーリー）作成まで』新曜社］
Finke, Michael C., and Julie de Sherbinin, eds. 2007. *Chekhov the Immigrant: Translating a Cultural Icon*. Bloomington, IN: Slavica Publishers.

Flueckiger, Joyce Burkhalter. 2006. *In Amma's Healing Room: Gender and Vernacular Islam in South India*. Bloomington: Indiana University Press.

Forché, Carolyn, and Philip Gerard, eds. 2001. *Writing Creative Nonfiction: Instruction and Insights from Teachers of the Associated Writing Programs*. Cincinnati: Story Press.

Forster, E. M. 1927/1955. *Aspects of the Novel*. New York: Harcourt, Brace & Company. ［E. M. フォースター／中野康司（訳）（1994）『E. M. フォースター著作集8 小説の諸相』みすず書房］

Gay y Blasco, Paloma, and Huon Wardle. 2007. *How to Read Ethnography*. London: Routledge.

Geertz, Clifford. 1973. *The Interpretation of Cultures: Selected Essays*. New York: Basic Books. ［C. ギアーツ／吉田禎吾ほか（訳）（1987）『文化の解釈学』岩波書店（岩波現代選書）］

———. 1983. *Local Knowledge: Further Essays in Interpretive Anthropology*. New York: Basic Books. ［C. ギアーツ／梶原景昭ほか（訳）（1999）『ローカル・ノレッジ ── 解釈人類学論集』岩波書店（岩波モダンクラシックス）］

———. 1988. *Works and Lives: The Anthropologist as Author*. Stanford, CA: Stanford University Press. ［C. ギアーツ／森泉弘次（訳）（2012）『文化の読み方／書き方』岩波書店（岩波人文書セレクション）］

George, Kenneth M. 2004. "Violence, Culture, and the Indonesian Public Sphere: Reworking the Geertzian Legacy." In *Violence: Culture, Performance and Expression*, ed. Neil L. Whitehead, 25–54. Santa Fe: SAR Press.

Ghosh, Amitav. 1989. *The Shadow Lines*. New York: Viking. ［A. ゴーシュ／井坂理穂（訳）（2004）『シャドウ・ラインズ ── 語られなかったインド』而立書房］

———. 1992. *In an Antique Land: History in the Guise of a Traveler's Tale*. London: Granta Books/Penguin.

Gibbal, Jean-Marie. 1994. *Genii of the River Niger*. Trans. Beth G. Raps. Chicago: University of Chicago Press.

Goldenveizer, A. B. 2006. *Talks with Tolstoi*. In *Translations from the Russian*. Trans. Virginia Woolf and S. S. Koteliansky, 181–290. Southport: Virginia Woolf Society of Great Britain.

Gorky, Maxim. 1921. "Fragments of Recollections." In *Reminiscences of Anton Chekhov*. Trans. S. S. Koteliansky and Leonard Woolf, 1–28. New York: B. W. Huebsch.

———. 1959. *Literary Portraits*. Trans. Ivy Litvinov. Moscow: Foreign Languages Publishing House.

Gornick, Vivian. 2001. *The Situation and the Story: The Art of Personal Narrative*. New York: Farrar, Straus and Giroux.

Gupta, Akhil, and James Ferguson, eds. 1997. *Anthropological Locations: Boundaries and Grounds of a Field Science*. Berkeley: University of California

Press.
Gutkind, Lee, ed. 2005. *In Fact: The Best of Creative Nonfiction.* New York: W. W. Norton.
Haraway, Donna. 1988. "Situated Knowledges: The Science Question in Feminism and the Privilege of Partial Perspective." *Feminist Studies* 14: 575-99.
Hingley, Ronald. 1976. *A New Life of Anton Chekhov.* New York: Knopf.
Hurston, Zora Neale. 1978. *Mules and Men.* Bloomington: Indiana University Press. [Z. N. ハーストン／中村輝子（訳）（1997）『騾馬とひと』平凡社（平凡社ライブラリー）]
Jackson, Bruce, and Edward D. Ives, eds. 1996. *The World Observed: Reflections on the Fieldwork Process.* Urbana: University of Illinois Press.
Jackson, Michael. 1989. *Paths towards a Clearing: Radical Empiricism and Ethnographic Inquiry.* Bloomington: Indiana University Press.
———. 2004. *In Sierra Leone.* Durham, NC: Duke University Press.
———. 2006. *The Politics of Storytelling: Violence, Transgression and Intersubjectivity.* Copenhagen: Museum Tusculanum Press.
James, Allison, Jenny Hockey, and Andrew Dawson, eds. 1997. *After Writing Culture: Epistemology and Praxis in Contemporary Anthropology.* London: Routledge.
Karlinsky, Simon. 1975. *Anton Chekhov's Life and Thought: Selected Letters and Commentary.* Trans. Michael Henry Heim with Simon Karlinsky. Berkeley: University of California Press.
Kendall, Laurel. 1988. *The Life and Hard Times of a Korean Shaman: Of Tales and the Telling of Tales.* Honolulu: University of Hawaii Press.
Khosravi, Shahram. 2010. *"Illegal" Traveller: An Auto-Ethnography of Borders.* Basingstoke: Palgrave Macmillan.
Knipper-Chekhova, Olga. 1960. "The Last Years." In *A. P. Chekhov: 1860-1960,* ed. Julius Katzer, 31-55. Moscow: Foreign Languages Publishing House.
Korovin, K. A. 1990. "From My Meetings with Anton Chekhov." In *Anton Chekhov and His Times,* ed. Andrei M. Turkov, 16-23. Trans. Cynthia Carlile. Moscow: Progress Publishers.
Koteliansky, Samuel S., trans. and ed. 1927. *Anton Tchekhov: Literary and Theatrical Reminiscences.* New York: G. H. Doran.
Kramer, Mark, and Wendy Call, eds. 2007. *Telling True Stories: A Nonfiction Writers' Guide from the Nieman Foundation at Harvard University.* New York: Plume.
Kuprin, Alexander. 1927. "To Chekhov's Memory." In *Reminiscences of Anton Chekhov.* Trans. S. S. Koteliansky and Leonard Woolf, 29-90. New York: B. W. Huebsch.
Langness, L. L., and Gelya Frank. 1981. *Lives: An Anthropological Approach to*

Biography. Novato, CA: Chandler & Sharp.［L. L. ラングネス・G. フランク／米山俊直・小林多寿子（訳）(1993)『ライフヒストリー研究入門 ── 伝記への人類学的アプローチ』ミネルヴァ書房］

Lassiter, Luke E. 2005. *The Chicago Guide to Collaborative Ethnography*. Chicago: University of Chicago Press.

Lopate, Philip. 2001. "Writing Personal Essays: On the Necessity of Turning Oneself into a Character." In *Writing Creative Nonfiction: Instruction and Insights from Teachers of the Associated Writing Programs*, ed. Carolyn Forché and Philip Gerard, 38–44. Cincinnati: Story Press.

Low, Setha M., and Denise Lawrence-Zúñiga, eds. 2003. *The Anthropology of Space and Place: Locating Culture*. Malden, MA: Blackwell.

Luey, Beth, ed. 2004. *Revising Your Dissertation: Advice from Leading Editors*. Berkeley: University of California Press.

Malcolm, Janet. 2001. *Reading Chekhov: A Critical Journey*. New York: Random House.

Malinowski, Bronislaw. 1922/1961. *Argonauts of the Western Pacific: An Account of Native Enterprise and Adventure in the Archipelagoes of Melanesian New Guinea*. London: George Routledge & Sons.［B. マリノフスキ／増田義郎（訳）(2010)『西太平洋の遠洋航海者 ── メラネシアのニュー・ギニア諸島における、住民たちの事業と冒険の報告』講談社（講談社学術文庫）］

Marcus, George E. 1998. *Ethnography through Thick and Thin*. Princeton, NJ: Princeton University Press.

Marcus, George E., and Michael M. J. Fischer. 1999. *Anthropology as Cultural Critique: An Experimental Moment in the Human Sciences*. 2nd ed. Chicago: University of Chicago Press.［G. E. マーカス・M. M. J. フィッシャー／永渕康之（訳）(1989)『文化批判としての人類学 ── 人間科学における実験的試み』紀伊國屋書店］

McConkey, James, ed. 1984. *Chekhov and Our Age. Responses to Chekhov by American Writers and Scholars*. Ithaca, NY: Cornell University Center for International Studies.

McHugh, Ernestine. 2001. *Love and Honor in the Himalayas: Coming to Know Another Culture*. Philadelphia: University of Pennsylvania Press.

McLean, Athena, and Annette Leibing, eds. 2007. *The Shadow Side of Fieldwork: Exploring the Blurred Borders between Ethnography and Life*. Malden, MA: Blackwell.

McVay, Gordon, trans. and ed. 1994. *Chekhov: A Life in Letters*. London: Folio Society.

Mead, Margaret. 1928. *Coming of Age in Samoa: A Psychological Study of Primitive Youth for Western Civilization*. New York: W. Morrow & Co.

Meneley, Anne, and Donna Jean Young, eds. 2005. *Auto-Ethnographies: The*

Anthropology of Academic Practices. Peterborough, ON: Broadview Press.
Mills, C. Wright. 1959. *The Sociological Imagination*. New York: Oxford University Press.［C. W. ミルズ／伊奈正人・中村好孝（訳）（2017）『社会学的想像力』筑摩書房（ちくま学芸文庫）］
Mintz, Sidney W. 1974. *Worker in the Cane: A Puerto Rican Life History*. New Haven, CT: Yale University Press.
Mulcahy, Joanne. 2010. *Remedios: The Healing Life of Eva Castellanoz*. San Antonio, TX: Trinity University Press.
Myerhoff , Barbara. 1978. *Number Our Days*. New York: Dutton.
Nabokov, Vladimir. 1960/ 1981. *Lectures on Russian Literature*. Ed. Fredson Bowers. London: Pan Books.［V. ナボコフ／小笠原豊樹（訳）（2013）『ナボコフのロシア文学講義』河出書房新社（河出文庫）］
Narayan, Kirin. 1989. *Storytellers, Saints, and Scoundrels: Folk Narrative in Hindu Religious Teaching*. Philadelphia: University of Pennsylvania Press.
———. 1997. *Mondays on the Dark Night of the Moon: Himalayan Foothill Folktales*. In collaboration with Urmila Devi Sood. New York: Oxford University Press.
———. 1999. "Ethnography and Fiction: Mapping a Border." *Anthropology and Humanism* 24: 1-14.
———. 2007a. "Tools to Shape Texts: What Creative Nonfiction Can Offer Ethnography." *Anthropology and Humanism* 32 (2): 130-44.
———. 2007b. *My Family and Other Saints*. Chicago: University of Chicago Press.
———. 2008. " 'Or in Other Words': Recasting Grand Theory." *Journal of Folklore Research* 45 (1): 83-90.
Narayan, Kirin, and Kenneth M. George. 2000. "Interviewing for Folk and Personal Narrative." In *Handbook of Interview Research*, ed. Jay Gubrium and James Holstein, 815-31. New York: Sage.
Nemirovich-Danchenko, V. I. 1990. "Chekhov." In *Anton Chekhov and His Times*, ed. Andrei M. Turkov, 74-93. Trans. Cynthia Carlile. Moscow: Progress Publishers.
Olson, Gary. 1991. "The Social Scientist as Author: Clifford Geertz on Ethnography and Social Construction." In *(Inter) views: Cross-Discplinary Perspectives on Rhetoric and Literacy*, ed. Gary A. Olson and Irene Gale, 187-210. Cabondale: Southern Illinois State Press.
Pitcher, Harvey. 1979. *Chekhov's Leading Lady: A Portrait of the Actress Olga Knipper*. London: John Murray.
———. 1999. *Chekhov: The Comic Stories*. Chicago: Ivan R. Dee.
Popkin, Cathy. 1992. "Chekhov as Ethnographer: Epistemological Crisis on Sakhalin Island." *Slavic Review* 51 (1): 36-51.

Prose, Francine. 2006. "What We Can Learn from Chekhov." In *Reading Like a Writer: A Guide for People Who Love Books and for Those Who Want to Write Them*, 233–48. New York: HarperCollins.

Queneau, Raymond. 1958. *Exercises in Style*. Trans. with an introduction by Barbara Wright. London: Gaberbocchus.

Rayfield, Donald. 1997. *Anton Chekhov: A Life*. New York: Henry Holt.

Read, Kenneth E. 1965. *The High Valley*. New York: Scribner.

Reed-Danahay, Deborah, ed. 1997. *Auto/ethnography: Rewriting the Self and the Social*. Oxford: Berg.

Robben, Antonius, C. G. M., and Jeffrey A. Sluka, eds. 2007. *Ethnographic Fieldwork: An Anthropological Reader*. Malden, MA: Blackwell.

Root, Robert L., and Michael Steinberg, eds. 2005. *The Fourth Genre: Contemporary Writers of/on Creative Nonfiction*. New York: Pearson Longman.

Rosaldo, Renato. 1989. *Culture and Truth: The Remaking of Social Analysis*. Boston: Beacon Press. [R. ロサルド／椎名美智（訳）(1998)『文化と真実 ── 社会分析の再構築』日本エディタースクール出版部]

Ryfa, Juras T. 1999. *The Problem of Genre and the Quest for Justice in Chekhov's The Island of Sakhalin*. Studies in Slavic Languages and Literature, vol.13. Lewiston, NY: Edwin Mellen Press.

Said, Edward. 1978. *Orientalism*. New York: Pantheon. [E. W. サイード／今沢紀子（訳）(1993)『オリエンタリズム』平凡社（平凡社ライブラリー）]

Salinger, J. D. 1963. *Raise High the Roof Beam, Carpenters, and Seymour — An Introduction*. Boston: Little, Brown. [J. D. サリンジャー／野崎孝・井上謙治（訳）(1978)『大工よ、屋根の梁を高く上げよ シーモアー序章ー』河出書房新社]

Scheper-Hughes, Nancy. 1992. *Death without Weeping: The Violence of Everyday Life in Brazil*. Berkeley: University of California Press.

Seizer, Susan. 2005. *Stigmas of the Tamil Stage: An Ethnography of Special Drama Artists in South India*. Durham, NC: Duke University Press.

Sharman, Russell Leigh, ed. 2007. "The Art of Ethnography: Narrative Style as a Research Method." Special issue. *Anthropology and Humanism* 32.

Shchepkina-Kupernik, T. L. 1990. "On Chekhov." In *Anton Chekhov and His Times*, ed. Andrei M. Turkov, 38–73. Trans. Cynthia Carlile. Moscow: Progress Publishers.

Shore, Bradd. 1982. *Sala'ilua, a Samoan Mystery*. New York: Columbia University Press.

Sims, Norman, and Mark Kramer, eds. 1995. *Literary Journalism: A New Collection of the Best American Nonfiction*. New York: Ballantine Books.

Singer, Milton B. 1972. "Passage to More Than India." In *When a Great Tradition Modernizes: An Anthropological Approach to Indian Civilization*, 11–38. New

York: Praeger.

Soulerzhitsky, L. A. 1927. "Reminiscences by Mme. M. P. Lilin." In *Anton Tchekhov: Literary and Theatrical Reminiscences*. Trans. and ed. S. S. Koteliansky, 170–71. New York: G. H. Doran.

Stanislavski, Constantin. 1968. *Stanislavski's Legacy*. Trans. and ed. Elizabeth Reynolds Hapgood. London: Methuen.

Stoller, Paul. 1989. *The Taste of Ethnographic Things: The Senses in Anthropology*. Philadelphia: University of Pennsylvania Press.

Stoller, Paul, and Cheryl Olkes. 1987. In *Sorcery's Shadow: A Memoir of Apprenticeship among the Songhay of Niger*. Chicago: University of Chicago Press.

Strathern, Marilyn. 1987. "Out of Context: The Persuasive Fictions of Anthropology." *Current Anthropology* 28 (3): 251–81.

Sunstein, Bonnie Stone, and Elizabeth Chiseri-Strater. 2002. *FieldWorking: Reading and Writing Research*. 2nd ed. Boston: Bedford/St. Martin's.

Talese, Gay, and Barbara Lounsberry, eds. 1996. *Writing Creative Nonfiction: The Literature of Reality*. New York: HarperCollins College.

Taussig, Michael. 2004. *My Cocaine Museum*. Chicago: University of Chicago Press.

Tedlock, Barbara. 1991. "From Participant Observation to the Observation of Participation: The Emergence of Narrative Ethnography." *Journal of Anthropological Research* 47: 69–94.

Tedlock, Dennis. 1983. *The Spoken Word and the Work of Interpretation*. Philadelphia: University of Pennsylvania Press.

———. 1993. *Breath on the Mirror: Mythic Voices and Visions of the Living Maya*. San Francisco: Harper.

Tedlock, Dennis, and Bruce Mannheim, eds. 1995. *The Dialogic Emergence of Culture*. Urbana: University of Illinois Press.

Thornton, Robert J. 1983. "Narrative Ethnography in Africa, 1850–1920: The Creation and Capture of an Appropriate Domain for Anthropology." *Man* 18: 502–20.

Tsing, Anna Lowenhaupt. 1993. *In the Realm of the Diamond Queen: Marginality in an Out-of-the-Way Place*. Princeton, NJ: Princeton University Press.

———. 2005. *Friction: An Ethnography of Global Connection*. Princeton, NJ: Princeton University Press. [A. ツィン/石橋弘之（訳）(2024)『摩擦――グローバル・コネクションの民族誌』水声社]

Turkov, Andrei M., ed. 1990. *Anton Chekhov and His Times*. Trans. Cynthia Carlile and Sharon McKee. Moscow: Progress Publishers.

Turner, Victor. 1960. "Muchona the Hornet, Interpreter of Religion." In *In the Company of Man: Twenty Portraits by Anthropologists*, ed. Joseph B.

Casagrande, 334–55. New York: Harper.

Valenčius, Conevery Bolton. 2007. “Chekhov's Sakhalin Island and Medical Geography.” In *Chekhov the Immigrant: Translating a Cultural Icon*, ed. Michael C. Finke and Julie W. De Sherbinin, 299–314. Bloomington, IN: Slavica Publishers.

Van Maanen, John. 1988. *Tales of the Field: On Writing Ethnography*. Chicago: University of Chicago Press. [J. ヴァン＝マーネン／森川渉（訳）（1999）『フィールドワークの物語 ― エスノグラフィーの文章作法』現代書館]

Vitebsky, Piers. 2005. *The Reindeer People: Living with Animals and Spirits in Siberia*. Boston: Houghton Mifflin.

Waterston, Alisse, and Maria D. Vesperi, eds. 2009. *Anthropology Off the Shelf: Anthropologists on Writing*. Malden, MA: Wiley Blackwell.

Willerslev, Rane. 2007. *Soul Hunters: Hunting, Animism, and Personhood among the Siberian Yukaghirs*. Berkeley: University of California Press. [R. ウィラースレフ／奥野克巳・近藤祉秋・古川不可知（訳）（2018）『ソウル・ハンターズ ― シベリア・ユカギールのアニミズムの人類学』亜紀書房]

Wolf, Margery. 1992. *A Thrice-Told Tale: Feminism, Postmodernism and Ethnographic Responsibility*. Stanford, CA: Stanford University Press.

Wolfe, Tom. 1968. *The Electric Kool-Aid Acid Test*. New York: Farrar, Straus and Giroux. [T. ウルフ／飯田隆昭（訳）（1971）『クール・クール LSD 交感テスト』太陽社]

Wolcott, Harry F. 2001. *Writing Up Qualitative Research*. 2nd ed. Thousand Oaks, CA: Sage.

Wood, James. 1999. “What Chekhov Meant by Life.” In *The Broken Estate: Essays on Literature and Belief*, 74–88. New York: Random House.

文章に生きる
チェーホフと、エスノグラフィーを書く

初版第1刷発行　2025年1月10日

著　者　キリン・ナラヤン
訳　者　波佐間逸博
解　説　梅屋　潔
発行者　堀江利香
発行所　株式会社　新曜社
〒101-0051　東京都千代田区神田神保町3-9
電話（03）3264-4973（代）・FAX（03）3239-2958
e-mail：info@shin-yo-sha.co.jp
URL：https://www.shin-yo-sha.co.jp/
組版所　星野精版印刷
印　刷　星野精版印刷
製　本　積信堂

ISBN978-4-7885-1865-0　C1036